neue frau
herausgegeben von
Angela Praesent

Gespenster-Ladies

Englische Spukgeschichten des 20. Jahrhunderts

zusammengestellt von
Richard Dalby
mit einer Einführung
von Jennifer Uglow

Aus dem Englischen von
Angela Praesent

rororo

Rowohlt

Die Originalausgabe erschien 1987 unter dem Titel
«The Virago Book of Ghost Stories»
bei Virago Press, London
Deutsche Erstausgabe
Umschlaggestaltung Nina Rothfos
(Illustration «Seated Woman» von Catherine Denvir)

Veröffentlicht im Rowohlt Taschenbuch Verlag GmbH,
Reinbek bei Hamburg, Juni 1989

Satz Baskerville (Lasercomp) LibroSatz, Kriftel
Druck und Bindung Clausen & Bosse, Leck
Printed in Germany
ISBN 3 499 12493 9

Inhalt

Zur Einführung

Nichts ist mit dem angenehmen Schauder zu vergleichen, den eine wirklich gute Geistergeschichte hervorruft. Wir lieben es, uns erschrecken zu lassen und uns doch in Sicherheit zu wissen – das Buch zu schließen und die tröstlichen Umrisse eines vertrauten Raums wahrzunehmen. Doch irgendwie ist der Raum nicht mehr ganz derselbe: das Gewöhnliche ist vom Befremdlichen infiziert, von den Flügeln des Unbekannten gestreift worden. In dieser Sammlung wird man entdecken, daß sogar ein Küchentöpfchen einen Geist bergen kann.

Doch sind die Geister von Frauen andere als die von Männern? In der erzählenden Literatur zumindest finden viele Liebhaber und Kenner keinen Unterschied. Richard Dalby, der sich im Geister-Genre genau auskennt, würde sagen, wenn man eine gute Geistergeschichte lese, ohne den Autor zu kennen, könne man unmöglich sein Geschlecht erraten. So hat er für diese Anthologie einfach einige der besten modernen Stories ausgewählt, die zufällig von Frauen geschrieben sind.

Geistergeschichten erweisen sich jedoch oft als mehr denn Spielereien, und als ich mich in die vorliegenden vertiefte, wurde mir gruselig bewußt, wie sehr die Erscheinungen aus den Leben von Frauen, ihren Sehnsüchten, ihrer Wut, ihren Ängsten und Kämpfen aufzusteigen scheinen. Frauen bringen in ihr Schreiben ihre besondere Erfahrung ein, ihre Geschichte des Lebens an den Rändern. Wenn die «große Tradition» des Erzählens vom Übersinnlichen nachgezeichnet wird – von Walpole, Poe, Hawthorne und Stevenson über Kipling, Le Fanu und Henry James bis zu M.R. James und Stephen King –, dann wird der Beitrag der Frauen oft vernachlässigt. Dabei haben sie von Anfang an in diesem Genre gearbeitet. Mrs. Radcliffes *Mysteries of Udolpho* erschien 1794; und acht Jahre zuvor hatte die neunzehnjährige Mary Shelley bereits das mechanische, aber beseelte Geschöpf Frankenstein erschaffen. Frauen haben die Form entscheidend mitgeprägt.

Viele der hier versammelten Erzählungen erschienen in Zeitschriften, die heute auf Speichern vergilben, wenn sie nicht für immer verloren sind, oder in Jahrbüchern und Anthologien, die eine Saison nicht überlebten und längst vergriffen sind. Obwohl sie alle im 20. Jahrhundert geschrieben wurden, ist man erstaunt, wie merkwürdig alt sie wirken, als blickten sie über die eigene Schulter in ferne Zeiten zurück. Zum Teil hat dies mit dem Sujet zu tun: Geister steigen aus der Vergangenheit (einer Person, eines Ortes, einer Gesellschaft) auf. Zum anderen Teil hängt es mit der Kulturgeschichte zusammen, denn Schriftsteller bedienen sich oft sehr alter literarischer Formen.

Die altmodische Anmutung gehört jedoch auch zum Genre selbst. Die moderne Geistergeschichte in ihrer kurzen Form kam in den Jahren nach 1820 auf und erreichte ihre Blüte mit den Zeitschriften des späteren 19. Jahrhunderts, Dickens' *Household Words* zum Beispiel. Literaturwissenschaftler wie Julia Briggs haben die These aufgestellt, daß die Entdeckung der Reize des Übernatürlichen nicht zufällig mit einem weitverbreiteten Schwinden religiöser Gläubigkeit einherging – und mit der rapiden Industrialisierung. Beide Tendenzen mögen das Bedürfnis geweckt haben, ältere, magische Geister heraufzubeschwören, welche die Existenz einer anderen Welt versprachen, wenn auch einer ziemlich ungemütlichen. Dies war eines von Freuds Argumenten in seinem Essay über «Das Unheimliche» von 1919.

Geistergeschichten behielten ihre Popularität bis Ende der dreißiger Jahre und starben nach dem Zweiten Weltkrieg aus, zusammen mit den Zeitschriften, in denen sie erschienen waren. Heute gibt es ein neues Interesse an der Form. Vielleicht mangelt es unserer Zeit noch mehr als der viktorianischen an einer gesicherten Kosmologie; Quantenphysik, Psychoanalyse, ein neuer Surrealismus in Kunst, Literatur und Film, Linguistik – diese und andere Strömungen haben einander überlagert und jede säuberliche, ordentliche Vorstellung von der Wirklichkeit erschüttert und in Frage gestellt. Das «Wirkliche» erscheint in zunehmendem Maße höchst unwirklich.

Freud hat die Literatur des Unheimlichen auch als Vehikel der Projektion verdrängter Wünsche betrachtet. Doch wenn seitdem (oder seit Henry James' *Schraubendrehung*) unsere Geister eher in der Seele lauern, als in vorhersehbaren Kerkern mit ihren Ketten zu rasseln, dann sind sie gleichwohl noch bemerkenswert mächtig und keineswegs bereit, sich festnageln zu lassen. Es ist auffällig, wie oft sich in okkulten Geschichten von Frauen die Geister und jene, die sie sehen, gegen psychiatrische Etikettierungen wehren. Die Feststellung, es handle sich weder um Wahnsinn noch um Träume, spielt eine wichtige Rolle bei dem Prozeß, den Leser zu gewinnen, der beim Lesen von Geistergeschichten seinen Unglauben noch dringlicher für eine Weile aufgeben muß als beim Lesen von fiktionaler Literatur überhaupt (die ja stets Wesen aus dem Nichts heraufbeschwört). In Geistergeschichten muß das Unmögliche als Tatsache akzeptiert werden. In dieser Sammlung ist die vorbeugende Abwehr von Täuschungsvorwürfen aber noch mehr als ein literarisches Mittel, denn sie erinnert uns daran, wie oft die subversive Energie und das abweichende Verhalten von Frauen mit Ausdrücken der Psychiatrie abgetan worden ist – «verrückt», «geisteskrank», «Nerven» oder «Irrationalität».

Kann man an diesen Stories ablesen, von welchen Gespenstern Frauen am meisten verfolgt werden? Nun, es sind die Ängste, die alle Frauen beschleichen, nicht ins Leben gehoben, sondern in ihrem vagen, hartnäckigen Halbleben heraufbeschworen. Wieder und wieder, mit fast schockierender Häufigkeit, greifen die Geschichten die symbolische und tatsächliche Beherrschung durch den Vater, den Ehemann, den Geliebten, den Arzt an – durch die Männer der Macht. Bisweilen gibt es kein Entrinnen aus der Rolle des Opfers, aber gelegentlich werden die Rollen auch verkehrt, so in Fay Weldons wunderbar komischer Story; oder die Verfolgte erhebt sich schließlich gegen den Peiniger, wie in Ellen Glasgows düsterer Geschichte. An der Oberfläche stellen solche Racheschlüsse die akzeptierte moralische Ordnung wieder her, und die weibliche Wut, die auf Rache sinnt, wird unter Konventionen poetischer Gerechtigkeit verborgen. Aber wir spüren ihre Hitze.

Eine andere Kraft, die in Geistergeschichten von Frauen brennt, ist die des weiblichen Begehrens, und seiner «feminineren» Rückseite, des Hungers nach Liebe. Seine verzweifelte Stärke wird von Männern oft als Bedrohung wahrgenommen und von den Frauen selbst gefürchtet. Wie Begierde die Welt erfüllen und die davon Besessenen isolieren kann, schildert blendend die Story von Stella Gibbons. Solch verblüffende Sinnlichkeit ist ungewöhnlich; öfter gleitet die Sehnsucht stumm in Verzweiflung hinüber. Tatsächlich ist auffällig, wie viele dieser Stories Geschichten unerfüllter Liebe sind. Oft begegnen wir einem Mangel an Zärtlichkeit, der eine endlose Spirale in Gang setzt – seine Opfer grausam macht, bis ihre Grausamkeit Opfer findet, die ihrerseits als Geister zurückkehren, um ihre Peiniger zu peinigen. Das Diabolische in seiner modernen Form ist ein Tod des Herzens, der die Welt absurd und bedeutungslos macht. Nur eine große Geste des Mitleids, sogar des Selbstmitleids, kann die Bestie im Innern befreien.

Übersinnliche Erzählungen tragen uns, wie Träume, an die Grenzen der Existenz. Ihre Szenerie ist oft vertraut bis zum Klischeehaften – das einsame Haus im Moor, die jahrelang leerstehende Villa. In diese Landschaften und Gebäude marschieren Unschuldige, nicht ahnend, was sie erwartet. Achtung: Ein Haus praktisch umsonst zu erwerben oder eine Urlaubsreise zu unternehmen ist genauso gefährlich wie ein Friedhofsbesuch um Mitternacht. Manche Leute sind traditionell besonders empfänglich: Dienstboten, Kelten, Kinder und Heranwachsende oder Lehrerinnen und Krankenschwestern, die ihre Arbeit sensibel macht für die schwimmenden Grenzen zwischen Kind und Erwachsenem, Krankheit und Gesundheit,

Leben und Tod. Doch die meisten Männer und Frauen, die Geister sehen, sind praktische Gestalten, welche die Skepsis der Leser mit in die Geschichte hineinzutragen vermögen.

Was diese rationalen Geschöpfe sehen werden, ist, nach der berühmten Formulierung von Henry James, «die andere Seite der Tapete», die unordentliche Seite des Lebens, die vernünftige Leute lieber vergessen oder wenigstens verbergen.

Literarische Geister brauchen, im Gegensatz zu alltäglichen Gespenstern, Motive und Ziele zum Antrieb ihrer Geschichten, und diese muß der Leser entdecken. So blättert man, wie in Kriminalgeschichten (die ebenfalls die Furcht vor Anarchie und Irrationalität enthalten und entschärfen), die Seiten hastig um und findet heraus – nicht, «wer es getan hat», sondern warum sie es tun und was passieren wird. Die bizarre Klimax, der plötzliche Aufschrei, die Wendung am Schluß werfen uns mit offenem Mund in die «wirkliche» Welt zurück. Darum ist Komisches der Geistergeschichte nicht nur nicht fremd, sondern fast eines ihrer wesentlichen Elemente. Lachen ist der beste Schockdämpfer. Doch vergiß nicht, Leserin, während Du diese Geschichten genießt: Es sind unsere Geister, und wahrscheinlich werden wir sie nie los.

Jennifer Uglow, Canterbury, 1987

May Sinclair

Das Unterpfand

I

Ich bin in meinem Leben nur einer absolut bewundernswürdigen Frau begegnet, und das war Cicely Dunbar, die Frau meines Bruders.

Schwägerinnen lieben einander nicht unbedingt, glaube ich, und es ist mir wohl bewußt, daß in Cicelys Augen vor allem die Tatsache für mich sprach, daß ich Donalds Schwester bin; aber für mich spielten äußere Dinge nicht die mindeste Rolle, einzig und allein Cicelys Wesen.

Und wie Donald doch – aber wie alle Dunbars ist Donald mit der Krankheit geschlagen, daß er Schotte ist, und das bedeutet, es ist für ihn Ehrensache, so zu tun, als habe er keine Gefühle, wenn er einmal welche hat. Als er um Cicely warb, muß er sich wohl ein bißchen gehengelassen haben; er war da, streng genommen, nicht ganz er selbst. Doch als er sie erst geheiratet hatte, wäre er lieber gestorben, als Cicely ausdrücklich zu sagen, daß er sie liebte. Und Cicely hatte das Bedürfnis, es zu hören. Sie meinen, sie hätte es wissen müssen, auch ohne daß er es sagte? Dann kennen Sie Donald nicht, haben keine Vorstellung von der perversen Findigkeit, die er aufwandte, um seine Zuneigung zu verbergen. Er ist einer dieser seltsamen schottischen Charaktere, die sich daran ergötzen, andere vor den Kopf zu stoßen und an ihnen Fehler zu finden und ihre Erwartungen zu enttäuschen. Wenn er weiß, daß man etwas von ihm will, ist dies für Donald Grund genug, es nicht zu tun. Und meine Schwägerin, die so durchsichtig war wie farbloses Kristall, konnte nie ein Bedürfnis verhüllen, so daß Donald jeden Augenblick Gelegenheit hatte, sie «auflaufen zu lassen», wie wir das zu nennen pflegten.

Und dann glaube ich auch nicht, daß mein Bruder wußte, wie krank sie war. Er wollte es nicht wissen. Im übrigen war er so darein vertieft, seine *Geschichte der Sozialökonomie* zu beenden (die er, nebenbei gesagt, noch immer nicht abgeschlossen hat), daß er keine Augen hatte für das, was wir alle sahen: daß Cicely bei dem Zustand ihres armen kleinen Herzens nicht mehr sehr lange zu leben hatte.

Natürlich sah er ein, daß sie deshalb in jenen letzten Monaten getrennte Schlafzimmer haben mußten – und dies im ersten Jahr ihrer Ehe, als er noch leidenschaftlich in sie verliebt war. Ich ermahne mich stets, diese beiden Umstände nicht zu vergessen, wenn ich versuche, Entschuldigungen für Donald zu finden; denn sie waren die wichtigste Ursache jener perversen Lieblosigkeit, die ich so schwer verzeihen kann. Wenn ich heute daran denke, wie er seine Launen an dem armen kleinen Ding ausließ, muß ich mich immer daran erinnern, daß ihre Unschuld dieses Lämmchen ein wenig anstrengend machte.

Sie verstand nicht, warum Donald sie nicht mehr bei sich in der Bibliothek haben wollte, wenn er schrieb oder las. Ihr erschien es als pure Grausamkeit, sie auszuschließen, nun da sie krank war; zuvor hatte sie doch ihren ständigen Platz in dem Sessel am Kamin gehabt, dort stundenlang ein Buch gelesen oder gestickt und kaum zu atmen gewagt, um ihn ja nicht zu stören. Nun konnte sie ein wenig Nachsicht erwarten, so fand sie.

Sie meinen doch nicht etwa, daß Donald seine Empfindungen erklärt hätte? O nein. Es waren *seine* Empfindungen, und darüber sprach er nicht; wie er überhaupt nie etwas erklärte, was man nicht verstand.

Dies – daß sie bei ihm in der Bibliothek sitzen wollte – war der Anlaß für den furchtbaren Streit, den sie an dem Tag hatten, bevor sie starb; dies und der Briefbeschwerer, jener kostbare Briefbeschwerer, den niemand berühren durfte, weil der berühmte George Meredith ihn ihm geschenkt hatte. Er bestand aus einem Messingblock, auf dem ein mit Gold bemalter Buddha aus weißem Alabaster ruhte. Und es war eine Inschrift eingraviert: *Für Donald Dunbar in liebevollem Eingedenken, George Meredith.*

Mein Bruder hing außerordentlich an diesem Briefbeschwerer, zum Teil, wie ich fürchte, weil er seine Vertrautheit mit dem großen Manne bekundete. Darum nannten wir das Objekt in der Familie ironisch das Unterpfand.

Es stand auf Donalds Schreibtisch neben seinem Ellbogen, so nah am Tintenglas, daß der weiße Buddha ein paar Spritzer abbekommen hatte. An diesem Abend war Cicely zu uns in die Bibliothek getreten und hatte Donald dadurch verärgert, daß sie blieb, obwohl ihm das nicht recht war. Um einen Vorwand zu haben, hatte sie das Unterpfand in die Hand genommen und es gereinigt.

Nach dem Streit, der nun anhob, starb sie.

Es fing damit an, daß Donald sie anbrüllte: «Was machst du da mit dem Briefbeschwerer?»

«Nur die Tinte abwischen.»

Ich sehe sie noch vor mir, die Liebe. Sie hatte mit ihrer kleinen rosa Zunge einen Zipfel ihres Taschentuchs befeuchtet und rieb an dem Buddha herum. Ihre Hände begannen zu zittern, als er losbrüllte.

«Stellst du ihn endlich hin? Ich habe dir doch gesagt, du sollst meine Sachen nicht anfassen.»

«*Du* hast ihn mit Tinte bespritzt», sagte sie. Sie rieb ein letztes Mal darüber, als er sich drohend erhob.

«Stell das hin!»

Und das arme Kind stellte das Unterpfand gründlich hin – sie ließ es ihm vor die Füße fallen.

«Oh!» rief sie, beugte sich rasch hinunter und hob es auf. Mit ihren großen, tränenerfüllten Augen blickte sie ihn angstvoll an.

«Es ist nicht zerbrochen.»

«Da soll ich dir wohl auch noch dankbar sein», fauchte er.

«Du Unmensch! Du weißt genau, daß ich eher sterben würde, als etwas zu zerbrechen, was dir lieb ist.»

«Eines Tages geht es noch kaputt, wenn du es nicht lassen kannst, hereinzukommen und alles zu befingern.»

Ich hielt es nicht mehr aus. Ich sagte: «Du darfst sie nicht so anschreien. Du weißt, daß sie das nicht erträgt. Du machst sie nur wieder krank.»

Das ernüchterte ihn für einen Augenblick.

«Tut mir leid», sagte er, aber es klang nicht danach.

«Wenn es dir leid tut», sagte sie hartnäckig, «könntest du mir erlauben, bei dir zu bleiben. Ich verhalte mich mucksmäuschenstill.»

«Nein, ich will dich nicht hierhaben – ich kann nicht arbeiten, wenn du im Zimmer bist.»

«Wenn Helen im Zimmer ist, kannst du arbeiten.»

«Du bist nicht Helen.»

«Er will nur sagen, *mich* liebt er nicht, Liebes.»

«Er will sagen, ich bin unnütz für ihn. Das weiß ich doch – ich kann nicht einmal auf seinen Manuskripten sitzen und sie am Fortfliegen hindern. Den verdammten Briefbeschwerer da liebt er mehr als mich.»

«Schließlich hat George Meredith ihn mir geschenkt.»

«Und niemand hat dir mich geschenkt. Ich habe mich dir selbst geschenkt.»

Das weckte wieder den Teufel in ihm. Er mußte sie einfach quälen.

«Viel gekostet kann dich das Geschenk nicht haben», sagte er. «Und darf ich dich daran erinnern, daß der Briefbeschwerer doch gewisse innere Werte besitzt.» Mit diesen Worten ließ er sie stehen.

«Warum ist er denn jetzt hinausgegangen?» fragte sie mich.

«Weil er sich schämt, wahrscheinlich», sagte ich. «Ach, Cicely, warum läßt du dich nur immer auf ihn ein? Du weißt doch, wie er ist.»

«Nein», sagte sie leidenschaftlich, «das weiß ich eben nicht. Ich habe es nie gewußt.»

«Zumindest weißt du, daß er dich liebt.»

«Dann hat er eine merkwürdige Art, es zu zeigen. Immer trampelt er nur auf mir herum und brüllt und mäkelt – so ein Aufstand wegen eines alten Briefbeschwerers!»

Sie streichelte ihn, während sie sprach, als wäre der Buddha aus Alabaster ein lebendiges Wesen.

«Manche Männer müssen dem Schmerzen zufügen, was sie lieben.»

«Es würde mir nichts ausmachen, daß er mir Schmerzen zufügt, wenn ich nur wüßte, daß ich ihm nicht gleichgültig bin.»

«Ich denke doch, das könntest du wissen.»

«Aber ich weiß es eben nicht!»

«Dann wirst du es eines Tages wissen.»

«Nie! Er will mir einfach nichts sagen!»

«Meine Liebe, er ist Schotte. Es brächte ihn um, es dir zu sagen.»

«Wie soll ich es dann je erfahren. Wenn ich morgen stürbe, wäre mein Leben zu Ende, ohne daß ich es wüßte.»

Und in jener Nacht starb sie, ohne zu wissen, ob er sie liebte.

Sie starb, weil sie es nie wirklich erfahren hatte.

2

Wir sprachen nie von ihr. Das war nicht meines Bruders Art. Worte tun ihm weh – sie zu hören oder auszusprechen.

Er war mürrischer geworden denn je, aber weniger reizbar, seit es das nicht mehr gab, was ihn gereizt hatte. Obwohl er sich in Arbeit stürzte, wie ein anderer sich ins Vergnügen gestürzt hätte, um jeden Gedanken an sie zu ertränken, merkte man, daß ihn seine Arbeit nicht mehr interessierte, daß er sie nicht mehr liebte; er ging mit einer Gewaltsamkeit daran, aus der mehr Haß als Liebe sprach. Den größten Teil des Tages und lange Abende hindurch schloß er sich in der Bibliothek ein; nur vor dem Essen machte er einen kurzen Spaziergang. Bald würden alle spontanen Impulse in ihm abgestorben und er zu einem Geschöpf der Gewohnheit und Routine geworden sein, das sah man ihm an.

Ich versuchte ihn herauszureißen, ihn aus dem tödlichen Geleis zu werfen, aber es nützte nichts. Der geringste Versuch – denn er unternahm durchaus Versuche – erschöpfte ihn, und er fiel in seine Zwänge zurück.

Aber er hatte mich gern um sich; und jede Stunde, die ich neben der Arbeit in Haushalt und Garten erübrigen konnte, verbrachte ich in der Bibliothek. Ich glaube, er war nicht gern allein in dem Raum, wo sie den Streit gehabt hatten, der sie tötete; und mir fiel auf, daß dessen Anlaß, das Unterpfand, vom Schreibtisch verschwunden war.

Und alle Dinge, die ihn an sie erinnern konnten, waren verstaut und außer Sicht. Als hätte die Tote all ihre Besitztümer mit ins Grab genommen. Nur der Sessel, den sie so geliebt hatte, blieb an seinem Platz neben dem Kamin. *Ihr* Sessel, wenn man ihn so nennen kann, obwohl es ihr nicht erlaubt gewesen war, darin zu sitzen. Es saß nie jemand darin, denn in stillschweigendem Einverständnis mieden wir ihn beide.

Oft sprachen wir über Stunden kein Wort, während er arbeitete und ich las oder nähte. Nie wagte ich es, ihn zu fragen, ob er wie ich manchmal Cicelys Gegenwart in diesem Raum spürte, nach dem sie sich so gesehnt hatte und aus dem sie so grausam ausgeschlossen worden war. Was mein Bruder fühlte und was nicht war nicht zu erraten. Sein Gesicht war eine dichte, düstere Maske; sein über den Schreibtisch gebeugter Rücken eine Wand, hinter der er sich verbarg.

Sie müssen wissen, daß ich zweimal in meinem Leben eine solche Gegenwart nicht nur gespürt habe: Ich habe sie gesehen. Vielleicht weil ich von väterlicher wie mütterlicher Seite Hochland-Keltin bin; meine Mutter besaß die gleiche unheimliche Gabe. Mit Donald hatte ich nie über diese Erscheinungen gesprochen, er hätte sie nur auf das geschoben, was er meine hysterische Phantasie nennt. Und ich war sicher, wenn er selbst je etwas spürte oder sah, würde er es nie zugeben.

Jedesmal war meine Vision die Vorahnung eines Todes gewesen (in Cicelys Fall hatte ich eine solche Warnung nicht erfahren), und jedesmal dauerte sie nur eine Sekunde; im übrigen war ich jedesmal hellwach, aber es steht natürlich jedem frei zu behaupten, ich hätte nur geträumt. Das Seltsame ist, daß ich mich weder fürchtete noch erstaunt war.

Und so fürchtete ich mich auch an jenem Abend nicht und war nicht erstaunt, als ich sie zum erstenmal sah.

Es war im frühen Zwielicht des Herbstes, gegen sechs Uhr. Ich saß auf meinem Platz am Kamin, und wie gewöhnlich rauchte Donald zu meiner Linken eine Pfeife, bevor das Lampenlicht ihn hinaus in die Dunkelheit treiben würde.

Ich fühlte Cicelys Anwesenheit im Raum so stark, daß ich nur eine plötzliche Freude empfand, als ich aufblickte und sie rechts von mir in ihrem Sessel sitzen sah, so deutlich, als wäre sie aus Fleisch und Blut. Sie sah nicht mich an; ihr Gesicht war mit jenem sehnsüchtigen, fragenden Blick von einst Donald zugekehrt, nach dem Geheimnis forschend, das er ihr vorenthalten hatte.

Ich schaute zu Donald hin. Er hatte das Kinn ein wenig gesenkt und war ganz auf den Rauch seiner

Pfeife konzentriert. Offenkundig sah er nicht dasselbe wie ich.

Während die früheren Erscheinungen, von denen ich gesprochen habe, sich sofort aufgelöst hatten, hielt diese eine Weile an, sogar noch, als Donald sich vorbeugte, die Asche aus seiner Pfeife klopfte, seufzte, sich streckte, sich umwandte und das Zimmer verließ. Erst als sich die Tür hinter ihm schloß, verlosch die Gestalt plötzlich – nicht flackernd, sondern wie ein Licht, das man ausschaltet.

Ich sah sie am nächsten Tag um die gleiche Zeit wieder und am übernächsten, immer Donald mit diesem Blick zugewandt. Und wieder war ich sicher, daß er sie nicht sah. Er seufzte nur unruhig und streckte die Glieder, und das ließ mich annehmen, daß er vage etwas spürte.

Nein, ich empfand nicht Furcht, sondern Freude. Wissen Sie, ich liebte Cicely. Ich weiß noch, daß ich dachte: Endlich, Liebling, endlich kannst du herein. Jetzt kannst du so lange bleiben, wie du möchtest. Er kann dich nicht mehr abweisen.

Die ersten paar Male sah ich sie so, wie ich es geschildert habe: Ich blickte auf und sah die Gestalt dort in ihrem Sessel sitzen. Und wenn Donald das Zimmer verließ, verschwand sie plötzlich. Dann wußte ich, daß ich allein war.

Doch als ich mich an ihre Gegenwart gewöhnt hatte, oder vielleicht auch sie sich an die meine, und als sie entdeckte, daß ich sie nicht fürchtete, sondern liebend gern dahatte, da fing sie, glaube ich, an, mir zu vertrauen, so daß ich alle ihre Bewegungen wahrnehmen konnte. So sah ich sie dann von der Tür durchs Zimmer auf ihren Lieblingssessel zugehen, sich zufrieden hineinkuscheln, so besänftigt, als hätte sie Widerstand erwartet, der nunmehr ausblieb. Und doch sah ich ihrem Blick auf Donald an, daß sie nicht glücklich war. Darin hatte sich nichts geändert. Sie war sich seiner so unsicher, wie sie es zu ihren Lebzeiten gewesen war.

Bislang, nach sechs oder sieben Besuchen, fehlte mir noch jeder Schlüssel zu dem Phänomen, und seine Bewegungen erschienen mir rätselhaft und ziellos. Nur zwei Dinge waren klar – es kam wegen Donald, denn nicht ein einziges Mal sah ich es, wenn ich allein war. Und immer wählte es diesen Raum und diese Stunde, bevor die Lampen entzündet wurden, in der er untätig dasaß.

Doch daß die Erscheinung sich manchmal auch bei ihm aufhielt, wenn ich nicht im Zimmer war, das wußte ich; denn mehr als einmal lagen auf Donalds Schreibtisch Gegenstände, Bücher oder Blätter, an einem anderen Platz, doch nie so, daß er sie nicht mehr finden konnte; aber dann fragte er mich, ob ich sie in die Hand genommen hätte.

«Entweder du lügst», sagte er dann, «oder ich täusche mich. Ich hätte schwören können, daß ich diese Notizen auf die linke Seite gelegt habe, und da sind sie jetzt nicht mehr.»

Und einmal – das war wunderbar – sah ich sie, ja, ich sah sie wahrhaftig hereinkommen und ihm das verlegte Blatt unter die Hand schieben. Und er sagte nur: «Also, ich hätte doch schwören können –»

Denn entweder hatte die Erscheinung nun an Sicherheit gewonnen, oder sie war sich endlich ihrer Ziele klargeworden; jedenfalls bewegte sie sich nun beinahe immer im Raum umher, und ihre Bewegungen hatten offensichtlich Sinn und Zweck.

Sie suchte nach etwas.

Eines Abends saßen wir alle in unseren Sesseln, als ich plötzlich merkte, daß Donald mich ansah.

«Helen», sagte er, «worauf starrst du eigentlich so?»

Ich fuhr zusammen. Ich hatte ganz vergessen, daß mich die Richtung meines Blicks früher oder später verraten mußte.

Ich hörte mich stottern: «Ha-hab ich denn gestarrt?»

«Und ob. Ich wünschte, du würdest das lassen.»

Ich wußte, was er meinte. Er wollte nicht, daß ich ständig auf jenen Sessel blickte, er wollte nicht wissen, daß ich an sie dachte. Also beugte ich den Kopf tiefer über meine Näharbeit, so daß ich die Erscheinung nicht mehr im Gesichtsfeld hatte.

In diesem Moment wurde ich gewahr, daß sie sich erhoben hatte und über den Teppich vor dem Kamin herüberkam. Vor Donalds Knien blieb sie stehen und blickte ihn so intensiv und anhaltend an, daß ich zweifelsfrei wußte, dies bedeutete etwas. Ich sah sie die Hand ausstrecken und ihn berühren; und obwohl Donald seufzte und seine Haltung änderte, sah ich doch, daß er nichts wahrgenommen hatte.

Da wandte sich die Erscheinung mir zu – und dies war das erste Mal, daß sie meine Anwesenheit deutlich zur Kenntnis genommen hatte; sie wandte sich so flehentlich an mich, wie es meine Schwägerin als Lebende getan hatte, wenn sie nicht aus ihm schlau wurde und mich bat zu vermitteln. Gleichzeitig nahmen in meinem Hirn plötzlich drei Wörter Lautgestalt an, als hätte ich sie rufen gehört.

«Sprich mit ihm – sprich mit ihm!»

Nun wußte ich, was sie wollte. Sie versuchte, sich ihm *sichtbar* zu machen, sich ihm *spürbar* zu machen, und es peinigte sie, daß es ihr nicht gelang. Sie wußte nun, daß ich sie sah, und war auf die Idee gekommen, mich als Mittlerin zu benutzen. Ich glaube, schon da wußte ich, weswegen sie gekommen war.

Ich sagte: «Du hast mich gefragt, worauf ich starre, und ich habe gelogen. Ich habe auf Cicelys Sessel gestarrt.»

Ich sah, wie er sich wand, als ich den Namen aussprach.

«Denn ich weiß zwar nicht, was du fühlst», fuhr ich fort, «aber ich habe ständig das Gefühl, sie sei hier.»

Er sagte nichts, sondern stand auf, wie um den Druck der Erinnerung abzuschütteln, die ich heraufbeschworen hatte, und lehnte sich mit dem Rücken zu mir an den Kaminsims.

Die Erscheinung zog sich in ihren Sessel zurück und fixierte ihn von dort wie zuvor.

Ich war entschlossen, seine Abwehr zu durchbrechen, ihn dazu zu bewegen, etwas zu sagen, was sie hören könnte, ein Zeichen zu geben, das sie verstehen würde.

«Donald, glaubst du, es ist gut, es ist freundlich, nie von ihr zu sprechen?»

«Freundlich? Freundlich wem gegenüber?»

«Dir selbst gegenüber, zuallererst.»

«Laß mich aus der Sache heraus.»

«Dann mir gegenüber.»

«Was hast du damit zu schaffen?» Er ließ seine Stimme so hart und schneidend klingen, wie er nur konnte.

«Alles», sagte ich. «Du vergißt, daß ich sie geliebt habe.»

Er schwieg. Wenigstens respektierte er meine Liebe für sie.

«Aber das war nicht das, was sie wollte und brauchte.»

Das schmerzte ihn. Ich spürte, wie er erstarrte.

«Weißt du, Donald», fuhr ich beharrlich fort, «ich denke *gern* an sie.»

Ich war grausam, aber ich mußte ihn aufbrechen.

«Du kannst so viel denken, wie du willst», sagte er, «Hauptsache, du hörst auf, davon zu reden.»

«Und es ist genauso schlecht für dich wie für mich, nicht zu sprechen», gab ich zurück.

«Es ist mir egal, ob es schlecht für mich ist. Ich *kann* nicht über sie sprechen, Helen. Ich will es nicht.»

«Woher weißt du», sagte ich, «daß es nicht schlecht für *sie* ist?»

«Für *sie*?»

Ich sah, daß ich ihn endlich berührt hatte.

«Ja. Wenn sie wirklich ständig hier ist.»

«Wie meinst du das – hier?»

«Hier – in diesem Zimmer. Ich sage dir doch, ich werde das Gefühl nicht los, daß sie hier ist.»

«Ach, fühl doch, fühl meinetwegen», sagte er, «aber sprich mir nicht davon!»

Und wütend lief er aus dem Zimmer. Sofort ging die Flamme aus.

Wie muß er sie verletzt haben, dachte ich. Es war wieder die alte Sache: Ich versuchte, ihn zu erweichen, ihn dazu zu bewegen, daß er sich ihr zeigte; er prügelte uns beide fort, strafte uns beide. Wissen Sie, ich wußte nun, wozu sie gekommen war: um herauszufinden, ob er sie liebte. Mit einer vom Tod ungestillten Sehnsucht war sie zurückgekehrt, um Gewißheit zu finden. Und wie stets hatte mein ungeschicktes Eingreifen ihn nun nur noch sturer, noch widerspenstiger gemacht. Wenn er sie nur sehen könnte, dachte ich! Aber so lange er sie abwehrt, wird er sie nie sehen.

Doch wenn ich ihn nur einmal dazu bekäme, mir zu glauben, daß sie da war –

Ich beschloß, das nächste Mal würde ich es ihm sagen, wenn ich die Erscheinung sah.

Am nächsten und übernächsten Abend blieb der Sessel leer, und ich kam zu dem Schluß, daß sie sich fernhielt, gekränkt von den Dingen, die sie zuletzt gehört hatte.

Doch am dritten Abend sah ich sie, sobald wir am Kamin saßen.

Wach und aufmerksam starrte sie nicht wie sonst Donald an, sondern blickte im Raum umher, wie auf der Suche nach etwas, das sie vermißte.

«Donald», sagte ich, «wenn ich dir erzählen würde, daß Cicely jetzt hier im Zimmer ist, dann würdest du mir nicht glauben, oder?»

«Spricht die Wahrscheinlichkeit etwa dafür?»

«Nein. Trotzdem sehe ich sie so deutlich wie dich.»

Die Erscheinung stand auf und stellte sich neben ihn.

«Jetzt steht sie ganz nah bei dir.»

Nun ging sie zum Schreibtisch hinüber. Ich wandte mich um und verfolgte ihre Bewegungen. Sie strich mit den Handflächen über den Tisch und berührte alles, was darauf lag. Ganz ohne Zweifel tastete sie nach etwas, von dem sie glaubte, es sei da.

Ich berichtete ihm weiter. «Jetzt ist sie am Schreibtisch. Sie sucht nach etwas.»

Ratlos und unglücklich trat sie zurück. Dann fing sie plötzlich an, die Schubladen aufzuziehen und zu schließen. Lautlos durchstöberte sie eine nach der anderen.

Ich sagte: «Oh, jetzt sucht sie in den Schubladen!»

Donald stand auf. Er sah nicht dorthin, wo die Erscheinung war; er schaute fest auf mich, besorgt und in gewisser Weise furchtsam. Ich nehme an, daß er deswegen nicht wahrnahm, wie die Schubladen aufgezogen und zugeschoben wurden.

Die unterste Schublade ließ sich nicht öffnen. Ich sah, wie sie daran zog und rüttelte und dann wieder verwundert zurücktrat.

«Sie ist verschlossen», sagte ich.

«Was ist verschlossen?»

«Die unterste Schublade.»

«Unsinn. Nichts dergleichen.»

«Aber wenn ich es dir sage. Gib mir den Schlüssel. Donald, du mußt ihn mir geben!»

Er zuckte die Schultern; dennoch tastete er in seinen Taschen nach dem Schlüssel und gab ihn mir mit einer neckischen Geste, als würde er ein Kind bei Laune halten.

Ich schloß die Schublade auf, zog sie ganz heraus, und da, im hintersten Winkel, fand ich das Unterpfand.

Ich hatte es seit dem Tag von Cicelys Tod nicht gesehen.

«Wer hat es da hingetan?» fragte ich.

«Ich.»

«Nun, danach hat sie gesucht», sagte ich.

Ich hielt ihm das Unterpfand auf der Handfläche hin, als wäre dies der Beweis dafür, daß ich sie gesehen hatte.

«Helen», sagte er ernst, «ich glaube, du bist krank.»

«Ach, meinst du? Immerhin bin ich gesund genug, um zu wissen, warum du es weggepackt hast», sagte ich. «Weil sie dachte, es wäre dir wichtiger als sie.»

«Du bringst es fertig, mich daran zu erinnern? Irgend

etwas in dir muß sehr bedenklich durcheinandergeraten sein, Helen», sagte er.

«Vielleicht. Aber vielleicht möchte ich nur wissen, was *sie* wissen wollte ... Hattest du sie denn lieb, Donald?»

«Lieb?» schrie er. «Ich war verrückt vor Liebe für sie! Und sie wußte es.»

«Sie wußte es nicht. Sie wäre jetzt nicht hier, wenn sie es wüßte.»

Da wandte er sich von mir ab und nahm wieder seinen Standort am Kamin ein. Ich ging ihm nach.

«Was willst du nun tun?»

«Tun?»

«Was willst du hiermit tun?» Ich hielt ihm das Unterpfand ganz nah hin. Er wich zurück und starrte voller Haß darauf.

«Damit tun?» sagte er. «Das verdammte Ding hat sie umgebracht! *Das* werde ich damit tun –» Er riß es mir von der Hand und schleuderte es mit aller Kraft auf die Stäbe des Kaminrostes. In Stücke zerbrochen, fiel der Buddha in die Asche.

Dann hörte ich einen Laut zwischen Schluchzen und Stöhnen. Er tat einen Schritt in den Raum, öffnete die Arme – und ich sah, wie die Erscheinung sich an ihn schmiegte. Für eine Sekunde stand sie an seine Brust gelehnt, dann fiel sie plötzlich vor unseren Augen zu einem leuchtenden Häufchen auf dem Boden zusammen, zu einem flackernden Lichtfleck vor seinen Füßen.

Und auch der verlosch.

3

Ich sah sie nie wieder.

Auch mein Bruder nicht. Doch das erfuhr ich erst einige Zeit später, denn aus irgendeinem Grund hatten wir nicht darüber gesprochen. Schließlich war er es, der die Sprache darauf brachte.

An einem Novemberabend saßen wir zusammen im Zimmer, als er plötzlich ganz beiläufig sagte:

«Helen – siehst du sie eigentlich jetzt nie mehr?»

«Nein», antwortete ich, «nie.»

«Schließt du daraus, daß sie nicht mehr kommt?»

«Warum auch?» sagte ich. «Sie hat das gefunden, was sie wollte. Sie weiß, was sie wissen wollte.»

«Und – was war das?»

«Nun, daß du sie geliebt hast.»

Sein Blick hatte etwas seltsam Unterwürfiges, Wehmütiges.

«Du glaubst, darum ist sie zurückgekommen?» fragte er.

Margery Lawrence

Das unheimliche Töpfchen

Ja», sagte der hagere Mann in der Ecke, «*ein* merkwürdiges Erlebnis hatte ich, das man sicherlich unter ‹Spukgeschichten› einordnen müßte. Nicht, daß ich das Gespenst je gesehen hätte – einen richtigen Geist habe ich nie im Leben vor Augen gekriegt. Aber merkwürdig war es schon. Doch. Ausgesprochen merkwürdig . . . Erzählen soll ich? Gern, wenn Sie möchten, Saunderson. Würden Sie dem Mädchen an der Bar sagen, sie könnte mir noch einen Whisky Soda bringen – danke, Laurie! Also, ich spinne jetzt mein Garn, und bitte keine Unterbrechung . . .

Es muß etwa vor drei Jahren im Herbst gewesen sein, da suchte ich nach einer Wohnung in London, nach einer möblierten Wohnung, weil ich nicht wußte, wie lange ich in England bleiben würde, und es sich nicht lohnte, meine Möbel aus dem Lager zu holen. Die Mieten waren ziemlich hoch in der Gegend, in die ich wollte – so um den St.-James-Park herum – und viel weiter hinaus wollte ich nicht ziehen, weil es mir wichtig war, mit meinen Geschäftspartnern in Kontakt zu bleiben. Ich war schon ganz verzweifelt und dachte, ich müsse wohl entweder in ein Hotel oder in meinen Club ziehen, als mich ein Makler anrief und sagte, er glaube, er habe eine Wohnung für mich. Die Besitzerin befinde sich im Ausland; vielleicht sei es genau das, was ich mir vorstelle. Die Adresse behagte mir, und die Miete war so niedrig, daß ich es kaum glauben konnte – ich warf mich also in ein Taxi und fuhr in dem Gefühl hin, es müsse ein Haken an der Sache sein, aber es war eine prachtvolle Wohnung, angenehm möbliert und so perfekt, wie man es sich nur wünschen konnte. Ich war auf der Hut und stellte alle möglichen Fragen, aber soweit der Makler wußte, war die Sache sauber – die Dame lebte auf Dauer im Ausland, und die Vormieter waren ausgezogen . . . Warum? wollte ich wissen, aber der Makler spielte mit seinem Stift und versicherte mir, er wisse es nicht. Eine plötzliche Erkrankung in der Familie, glaube er . . . Wie auch immer, eine Woche später war ich eingezogen, wie stets versorgt von meinem treuen Strutt – Sie kennen Strutt doch? Einer der besten Burschen, die je gelebt haben, und in meiner seltsamen Geschichte spielt er eine wichtige Rolle.

Nach all den Unbequemlichkeiten, die ich die letzten sechs Monate in den verschiedensten Hotels ertragen hatte, genoß ich meinen ersten Abend in der Wohnung über die Maßen, und ich seufzte erleichtert auf, als ich die Beine vor dem Kaminfeuer ausstreckte und den vorzüglichen Kaffee trank, der neben meinem Ellbogen stand. Für die Küche hatte Strutt irgendwie eine Frau aufgetrieben – ein Prachtbursche, mein Strutt! –, und vom Kochen verstand sie wahrhaftig was, obwohl sie mir, als ich an der Küchentür vorbeiging, auf den ersten Blick mürrisch und vom Schicksal wenig begünstigt vorgekommen war, eine alte Frau mit einem Chenille-Netz über dem Haar, ein Ding, das ich für so ausgestorben gehalten hatte wie den Vogel Dodo. Ich klingelte nach einer zweiten Tasse Kaffee, und wie üblich stand Strutt schon neben mir, als ich noch kaum den Finger vom Klingelknopf genommen hatte.

‹Noch ein bißchen Kaffee, bitte – und übrigens, Strutt, das war ein ausgezeichnetes Essen›, sagte ich beiläufig. ‹Wo haben Sie diese Köchin aufgetrieben? Offenbar eine Perle.› Strutt nahm sich meiner leeren Tasse an und antwortete mit seiner immer gelassenen Stimme – es geht ja wohl nichts über die unerschütterliche Beherrschung eines gutgeschulten Dieners.

‹Sie kam eines Tags, um etwas zu holen – ein paar Tage, bevor Sie eintrafen, Sir. Wir kamen ins Gespräch, und ich erfuhr, daß sie bei der Dame, der die Wohnung gehört, im Dienst gewesen war, und anschließend Hausmeisterin; sie machte einen brauchbaren Eindruck, Sir, und nachdem ich versucht hatte, bei der Dame Referenzen einzuholen, aber ohne Erfolg, denn niemand scheint ihre Adresse zu kennen, da habe ich mir erlaubt, sie auf eigene Faust einzustellen, für einen Monat auf Probe. Ich hoffe doch, Sie sind einverstanden, Sir?›

‹Aber natürlich›, sagte ich rasch, denn Strutts Urteil ist immer besser als meines. ‹Sicher, wenn sie dieses Niveau halten kann. Sagen Sie ihr, ich bin voller Hochachtung.›

Die Tür schloß sich geräuschlos, und ich versank in Gedanken. Es war sehr still in der Wohnung, und das angenehme Knistern des Feuers klang wie ferne Pistolenschüsse; der tiefe Ledersessel war bequem, und unter dem roten Lampenschirm lagen drei Bücher, auf die ich besonders gespannt war. Zufrieden griff ich nach einem und vertiefte mich so darein, daß ich kaum wahrnahm, wie Strutt mir die zweite Tasse Kaffee brachte. Untergegangene Kulturen haben mich immer fasziniert, obwohl ich nie das Geld hatte, selbst auf Forschungsreisen zu gehen; das Buch berichtete über jüngste Ausgrabungen, und ich verschlang es, bis ich plötzlich auffuhr und feststellte, daß Mitternacht vorbei und das Feuer ausgegangen war.

Lachend und fröstelnd erhob ich mich, schaltete das große Licht an und goß mir einen Whisky ein – aber der Siphon gab nur ein Zischen von sich, und ich fluchte über Strutts Vergeßlichkeit. (Kein Soda bereitzustellen sah ihm gar nicht ähnlich.) Vielleicht gab es in der Küche Nachschub. Gereizt und schläfrig ging ich nachsehen. Die Küche war von Mondlicht durchflutet, und all die Töpfe und Pfannen und Flaschen und Utensilien schimmerten silbrig auf – ein hübscher Effekt. Mehrere Gegenstände standen auf dem Herd, und jetzt erinnere ich mich, daß einer davon, eine kleine Kasserolle, nicht ganz zu war – der Deckel saß schief darauf, will ich sagen, und für einen Moment sah das ganz seltsam aus, als hätte die Kasserolle ihren Deckel gelüpft, um mich zu mustern! Ich fand einen gefüllten Siphon auf dem Buffet, trank etwas und ging zu Bett; und als ich mich wohlig zwischen den kühlen Laken einrollte, ging mir noch durch den Kopf, die Dame, die diese Wohnung so perfekt hatte einrichten und ausstatten lassen, müsse ein Luxusgeschöpf gewesen sein, denn noch hatte ich keinen Gegenstand gefunden, der nicht von Geschmack und der Liebe zu Edlem zeugte. Ich fragte mich, warum sie alles dagelassen hatte, selbst Bettwäsche, Geschirr, Töpfe und Pfannen . . . Dann fiel ich, ohne zu einem Ergebnis gekommen zu sein, in Schlaf. Ich denke, ich hatte zwei Stunden geschlafen, als ich mit üblen Schmerzen erwachte. Ich bebte und rang nach Luft, fuhr mit den Händen abwechselnd zur Kehle und zum Bauch, die gräßlichsten Qualen packten mich, krampfartige Schmerzen schienen Knoten in mich zu knüpfen, der Schweiß rann mir übers Gesicht, und Hustenanfälle schüttelten mich so, daß ich glaubte, ich würde meine Lunge rauswürgen – es fühlte sich an, als hätte ich eine entsetzliche Säure geschluckt, die mir die Eingeweide zerfraß! Mit letzter Kraft reichte ich nach der Klingel, doch noch bevor ich sie berührt hatte, stand Strutt schon im Zimmer, von meinem Husten geweckt, und beugte sich besorgt über mich.

‹Mein Gott, was ist los, Sir? Eine Sekunde, ich hole Ihnen einen Schluck Brandy . . .›

Ich verschüttete den Brandy, denn meine Zähne klapperten, und ich muß ausgesehen haben, als hätte ich Schüttelfrost, mit starrem, vom Schmerz getrübtem Blick. Der arme alte Strutt machte vielleicht ein Gesicht! Er hing schon immer sehr an mir. Ein paar Tropfen bekam ich aber doch die Kehle hinunter, und nach einem weiteren Glas schien es mir eine Spur besserzugehen. Schwer atmend und zitternd lehnte ich mich in die Kissen zurück. Mein Pyjama war naß von Schweiß, aber ich kam nun allmählich zu Besinnung und fragte mich, was im Himmel konnte diesen Anfall verursacht haben? Strutt huschte im Zimmer umher, um mir einen frischen Pyjama zu finden, und streifte mich immer wieder mit besorgten Blicken. Das war nicht länger nötig, denn ich erholte mich zusehends – aber das machte die Sache nur noch seltsamer.

Strutt trat an mein Bett: ‹Fühlen Sie sich besser, Sir? Wenn Sie meinen Rat annehmen wollen, wechseln Sie die nassen Sachen da und lassen mich Sie abreiben, bevor Sie sich wieder schlafen legen.›

Fast schon wieder gesund, wenn auch noch erschüttert von der Erinnerung an jene grauenvollen zehn Minuten, schlüpfte ich aus dem Bett und stand nachdenklich da, während Strutt mich frottierte. Als ich kurz darauf im frischen Pyjama und mit einem steifen Brandy im Leib wieder im Bett lag, wußte ich immer noch nicht, was mich da so entsetzlich gepackt hatte und so spurlos vorübergegangen war.

‹Strutt›, sagte ich, ‹weiß der Himmel, was mit mir los war – am Essen kann es nicht gelegen haben, denn Sie haben ja wohl das gleiche gegessen und spüren nichts. Aber das war ein übler Anfall, Malaria ist nichts dagegen. Und es war *kein* Malaria-Anfall, damit kenne ich mich nur zu gut aus. Ob mein Herz wohl in Ordnung ist?›

‹Das hätte ich doch angenommen, Sir, aber es könnte nicht schaden, morgen einmal zum Arzt zu gehen. Bitte um Vergebung, Sir, aber Sie sahen furchtbar aus. Bei Fieber haben Sie nie so ausgesehen, nie!› Strutts Stimme überzeugte mich; schließlich hat er mich bei unzähligen Malaria-Anfällen erlebt. Ich runzelte die Stirn:

‹Was habe ich gegessen? Eine klare Suppe – Seezunge – ein Steak und Gemüse. Nichts davon halb gar. Oh, und köstliche Champignons auf Toast! Champignons!›

Triumphierend schaute ich Strutt an; ich dachte, ich hätte es gefunden.

‹Sie muß giftige Pilze erwischt haben, keine Champignons. Das kommt vor –›

‹Verzeihung, Sir›, sagte Strutt sicher, ‹das kann's nicht gewesen sein. Da ich Pilze sehr mag, habe ich welche gegessen und Mrs. Barker auch . . . Sonst haben Sie nichts zu sich genommen, abgesehen vom Kaffee, und den habe ich gemacht – jedenfalls die zweite Tasse, denn Mrs. Barker war schon gegangen, als Sie geklingelt haben, Sir.›

Das brachte mich zum Verstummen, und der Lösung ferner denn je legte ich mich in die Kissen zurück.

‹Nun, ich kann nicht länger darüber nachgrübeln, Strutt. Machen Sie das Licht aus. Morgen früh gehe ich zum Arzt.›

Das tat ich, und was ich zu hören bekam, bestätigte meine Meinung und trug nicht wenig zu meiner Ratlosigkeit bei – ich war rundum gesund; selbst die Spuren von Malaria, die ich von meinem langen Asienaufenthalt zurückbehalten hatte, waren verschwunden. Der alte Macdonald boxte mich zum Abschied in die Rippen und grinste.

‹Kommen Sie das nächste Mal nicht gleich zu mir gerannt, wenn's Sie nach ein paar Whiskies zuviel ein bißchen zwackt – machen Sie einen ordentlich langen Spaziergang und schwitzen Sie's raus. Sie sind so stark wie ein junges Pferd, und was das Herz angeht – kommen Sie mir bloß nicht mit so was. Sie haben ein Herz, das schuften kann wie ein Grubengaul, ohne je schlappzumachen . . .›

Ich ging St. James entlang und war noch ratloser – was hatte mich in der Nacht zuvor nur gepackt? Im Licht meines prächtigen Wohlbefindens waren meine vergangenen Qualen völlig unerklärlich; der alte Macdonald nahm offenbar an, ich wäre mehr oder minder volltrunken gewesen und hätte mir einen Alptraum umgedeutet . . . Das war ausgesprochen ärgerlich, zumal ich mich noch sehr lebhaft an das Gefühl erinnerte, von innen heraus zu verbrennen, zu ersticken. Das sollte ein Traum gewesen sein? Noch ganz mit der merkwürdigen Angelegenheit beschäftigt, lief ich an der Treppe zum Club geradewegs einem alten Kumpan in die Arme – George Trevanion, der mich entzückt beim Arm nahm und mit Fragen überschüttete. Wir speisten zusammen zu Abend und tauschten danach am Kamin noch lange Geschichten. Als wir uns trennten, hatte Trevanion versprochen, am folgenden Abend bei mir zu essen – ich muß gestehen, daß mir sehr daran gelegen war, ihm mein neues Quartier vorzuführen. Wir waren so in Fachsimpelei vertieft gewesen – wir sind beide Ingenieure – und es hatte so viel zu erzählen gegeben, daß ich ganz vergessen hatte, ihm von meiner merkwürdigen Schmerzattacke zu erzählen; und diese Unterlassung wurmte mich ein bißchen, als hätte er, bloß weil er sich dreißig Jahre lang auf der ganzen Welt herumgetrieben hatte, sofort mit dem Finger auf die Ursache deuten können.

Auf dem Tisch in dem kleinen, dunklen Gang lagen ein paar Briefe, als ich in meine Wohnung kam. Ich nahm sie auf; nichts Interessantes, nur einige Rechnungen und diese oder jene Einladung. Die Küchentür ging auf den Gang, und als ich kam, war sie geschlossen gewesen; doch als ich mich nun umdrehte, sah ich, daß sie sich geräuschlos geöffnet hatte, und ich blickte in die mondhelle, kleine Küche. Der Gasherd stand in einer Linie mit der Tür, und darauf befanden sich allerlei Utensilien, die am Morgen benutzt werden würden – ein großer Kessel, glaube ich, und zwei Kasserollen, eine große und eine kleine emaillierte. Die offene Tür ließ mich kurz zusammenzucken, aber natürlich sagte ich mir ‹Zugluft› und glaubte es auch. Ich blieb noch einen Moment stehen, um mir eine Zigarette anzuzünden – und das Streichholz fiel mir aus den Fingern und verlosch auf dem Teppich.

So wahr ich lebe, sah ich folgendes – oder glaubte, es zu sehen: Die kleine Kasserolle, die der Tür am nächsten stand, schien ihren Deckel ein wenig zu lüpfen, ganz sacht und vorsichtig, und unter ihrem gelüpften Deckel hervor sah sie mich an! Ja, wahrscheinlich klingt es nicht so grausig, wie ich es gern klingen lassen würde, aber ich schwöre, es war das Gespenstischste, was ich je gesehen hatte und je zu sehen bekommen möchte ... Für einen Augenblick stand ich erstarrt da, mit vor Angst klebrigem Mund; irgendwie machte die unsägliche Banalität der Sache sie noch entsetzlicher. Dann fluchte ich auf mich, marschierte in die Küche, packte die Kasserolle und hielt sie ans Licht.

Natürlich hatte mir nur der Mond einen Streich gespielt; schon am Abend zuvor war mir ja aufgefallen, wie hell er in die Küche schien – aber für einen Moment hatte es mich doch wahrhaftig fast umgeworfen. Der Anfall in der Nacht mußte meine Nerven mehr durcheinandergebracht haben, als mir bewußt war – Gott, was war ich bloß für ein Narr! Ich stellte das Töpfchen zurück, lachte herzhaft und trat, noch immer grinsend, zurück in den Flur. Als ich mit meiner Post zum Wohnzimmer ging, warf ich noch einen kurzen Blick in die Küche; da war der Herd mit den stummen Töpfen darauf, und der Deckel der kleinen Kasserolle hing immer noch schief – es sah absurderweise noch immer so aus, als hielte sie mich verstohlen im Auge! Es schien geradezu eine Drohung in der Stille zu liegen. Als ich zu Bett ging, mußte ich noch einmal lachen. Der pure Wahnsinn – sich von einem Töpfchen erschrecken zu lassen!

Ich schlief ausgezeichnet, wachte mit einem Bärenhunger auf und warf mich wie ein erfrischter Riese in den

Arbeitstag. Gegen halb sieben traf ich Trevanion im Club auf ein paar Cocktails – wir hatten schon an allen möglichen seltsamen Orten zusammen getrunken, und erst seit ich ihm wiederbegegnet war, merkte ich, wie sehr er mir gefehlt hatte. In meiner Wohnung erwartete uns dann ein prachtvolles Abendessen – ich hatte Strutt angewiesen, dafür zu sorgen, daß Mrs. Barker mal zeigte, was in ihr steckte, und sie schickte uns ein königliches Mahl auf den Tisch: Cremesuppe, Austern mit Käse angerichtet – großartig! –, gebratenes Huhn und Salat und ein Soufflé, das einem auf der Zunge zerging. Zuerst waren wir zu sehr mit Genießen beschäftigt, um viel zu reden, aber schließlich lehnte Trevanion sich zurück, sah mich voll Hochachtung an und holte tief Luft.

‹Mann, Sie müssen ja der reinste Krösus sein! Wie zum Teufel sind Sie bloß an das Geld für diese Wohnung, solches Essen und die Gourmetköchin dazu gekommen?›

Ich grinste triumphierend und nippte an meinem Burgunder.

‹Pures Glück, mein Lieber. Die Miete ist lächerlich, die Köchin gehörte sozusagen zur Wohnung, und da ich mir's immer schon gern hab wohlergehen lassen, fand ich's gerechtfertigt, bei Tisch ein bißchen Üppigkeit walten zu lassen – besonders wenn ein alter Zeuge meiner Untaten wie Sie auftaucht.›

Trevanion runzelte die Stirn: ‹In dieser Gegend – eine lächerliche Miete? Werden Sie da nicht irgendwie reingelegt? Kommt mir beinahe unmöglich vor.›

Ich zuckte mit den Achseln, und wir begaben uns in die Sessel am Kaminfeuer; ich konnte es mir schließlich selbst nicht erklären, und nach einer Weile sprachen wir über andere Dinge. Strutt brachte Kaffee und härtere

Getränke, wir kauten alte und neue Abenteuer durch, pafften unsere Pfeifen und achteten nicht auf die Zeit. Schließlich sah Trevanion auf die Uhr, legte die Pfeife hin und lachte: ‹Schauen Sie mal, wieviel Uhr es ist! Ich muß schleunigst nach Hause, auch wenn ich nicht in so einem Palast wohne wie Sie glücklicher Strolch. Essen Sie trotzdem nächste Woche bei mir, auch wenn ich Ihnen ein solches Niveau –› Er stand an der Tür, die Hand auf dem Griff, ich auf dem Teppich vor dem Kamin, als er plötzlich mitten im Satz verstummte und wir beide aufhorchten. Aus dem Flur drang das Geräusch von etwas sprudelnd Kochendem – von dem kalten Herd, den Mrs. Barker vor zwei Stunden aufgeräumt hinterlassen hatte! Wir sahen uns erstaunt an, dann lachte Trevanion.

‹Was für ein kurioses Geräusch – Ihr Bursche hat sich wohl klammheimlich einen Glühwein gemacht und das Ding angelassen.›

Ich wußte sofort, daß Strutt das Gas nicht angelassen hatte. Von dort, wo wir standen, konnten wir nicht in die Küche sehen, aber die Tür stand offen, das Mondlicht schien in den dunklen Flur, begleitet von diesem blubbernden, kochenden Geräusch, beharrlich und bedrohlich . . . Auf einmal war ich an der Tür: ‹Wahrscheinlich nur Luftzug – Wind, der durch eine Ritze dringt oder so etwas. Na kommen Sie, schauen wir eben mal nach.›

In Wirklichkeit war das letzte, worauf ich Lust hatte, in diese Küche zu gehen – diese grauenhafte Küche, wie ich sie inzwischen im Geiste nannte. Da stand die Tür wieder offen; die Atmosphäre der ganzen Wohnung hatte inzwischen etwas, was mir überhaupt nicht gefiel; ich hatte es mir bloß noch nicht eingestanden. Also ging ich mit erhobenem Kinn den Gang entlang und in die Küche. Kaum bog ich um die Ecke, waren die bis dahin ganz deutlichen Blubbergeräusche verstummt. In der mondhellen Küche starrten Trevanion und ich einander ratlos an. Auf dem Herd stand nur ein Topf, die kleine Emailkasserolle, die mir schon einmal aufgefallen war, aber es brannte keine Gasflamme darunter, und der Deckel lag fest auf ... Trevanion rüttelte am Fenster, überprüfte mit irritiert gerunzelter Stirn den Riegel; ich nahm das Töpfchen hoch und linste hinein – leer natürlich.

‹Bei meiner Seele, verdammt kurios›, sagte Trevanion und kratzte sich am Schädel. ‹Scheint nirgendwo irgendwas locker zu sein ... Gibt's vielleicht sonst noch eine Gasflamme – ist der Badezimmerboiler an?›

Der Boiler war nicht an, die Wohnung wurde elektrisch beleuchtet. Wir waren am Ende unserer Weisheit.

‹Na, wahrscheinlich gibt's eine ganz simple Erklärung. Rufen Sie mich an, Connor, wenn Sie's heraushaben. Vielleicht haben Sie ein Gespenst hier, das gern Geisterglühwein trinkt!›

Trevanions Gelächter verhallte auf der Straße, und sobald ich die Tür zugeworfen hatte, blieb ich noch einen Augenblick stehen und dachte nach, das Kinn in die Hand gestützt. Verdammt, ich hätte jeden Eid darauf abgelegt, daß da etwas gekocht hatte – aber was? Wie als Antwort auf meine Gedanken, war in der stillen Wohnung auf einmal wieder ein leises Geräusch zu hören, das Blubbern eines Kessels oder einer Kasserolle. Warum dachte ich bei dem Geräusch bloß immer an eine Kasserolle? Was auch immer es verursachte, ich würde es jetzt erwischen!

Die Küchentür stand natürlich wieder weit offen, obwohl ich sie bereits zweimal geschlossen hatte, bevor und nachdem wir im Badezimmer nach dem Boiler schauten; und zweifellos kam das Geräusch aus der Küche. Vorsichtig ging ich einen Schritt vor und spähte vorgebeugt hinein, obwohl es mir kalt über den Rücken lief. Die kleine Kasserolle stand noch da, wo ich sie auf den abgedrehten Herd gestellt hatte – aber es kochte darin! Der Deckel hing verwegen schief und rutschte jedesmal eine Spur weiter herab, wenn die Flüssigkeit, oder was immer es sein mochte, aufsprudelte. Mit offenem Mund sah ich in Schüben Dampf aufsteigen, und irgendwie verwandelte sich das Blubbern für meine angespannt lauschenden Ohren in ein teuflisches Liedchen, als würde sich das widerliche Ding heimlich was vorsingen! Vor purer Angst stöhnte ich einmal laut auf, und schlagartig war die Kasserolle – Sie werden es mir nicht glauben – wieder ein ganz normales Töpfchen, das friedlich auf dem Herd stand. Ich zwang mich hinzugehen, obwohl ich am ganzen Körper bebte, und nahm das Töpfchen hoch; es war kalt und leer. Also schimpfte ich mich einen unverbesserlichen Idioten, schenkte mir einen ordentlichen Schluck ein, erklärte mir streng, ich hätte einfach ein paar Whiskies zuviel getrunken und steuerte mit beträchtlichem Tempo mein Bett an. Zwar wurde ich die Überzeugung nicht ganz los, daß ich da tatsächlich irgendein teuflisches Gebräu hatte brodeln sehen, aber es beruhigte mich, daß Trevanion sich bei dem Geräusch auch nicht gerade überlegen gezeigt hatte, und ich schlief ausgezeichnet.

Als die Sonnenstrahlen durch die Jalousien drangen, lag ich eine Weile blinzelnd da und griff dann nach meiner Uhr – es war neun! Wo ich doch mein Bad immer um halb neun nahm! Ich klingelte nach Strutt und verwünschte ihn für seine Faulheit. Schlurfende Schritte auf dem Gang, und das verdrossene, faltige Gesicht von Mrs. Barker erschien in der Tür.

Die Frau sah mich mit ihren kleinen, heimlichtuerischen Augen ein paar Sekunden lang stumm an – was war sie doch für eine alte Schreckschraube, dachte ich ungeduldig –, dann wies sie plötzlich mit dem Daumen über ihre Schulter.

‹Den hat was gepackt, keine Ahnung, was. Krümmt sich und führt sich auf, als hätt sein letztes Stündlein geschlagen . . .› Ihre Lippen kräuselten sich zu einem bösartigen Grinsen.

Da hörte ich den armen alten Strutt in seinem Zimmer stöhnen. Kurz angebunden scheuchte ich Mrs. Barker zurück in die Küche, stieg aus dem Bett und eilte den Gang entlang. Da lag mein Strutt voll angezogen auf dem Bett, mit bläulichen Lippen und zuckenden Gliedmaßen – er konnte nicht sprechen, aber sein Blick flehte um Hilfe. Ich riß ihm den Kragen auf und rief Mrs. Barker zu, sie solle Brandy bringen; der arme Kerl sah entsetzlich aus. Nach und nach brachten wir ihn wieder zu sich, aber es fiel mir doch auf, daß die alte Frau nicht gerade bereitwillig Hilfe leistete. Als Strutt sich schließlich aufsetzte, fragte ich mit mehr Besorgnis, als mir lieb war:

‹Was im Himmel ist denn passiert, Strutt? Kommt mir vor wie der Anfall, den ich neulich nachts hatte. Sie müssen zu meinem Arzt, ich kann Sie nicht so zusammenklappen lassen! Wann hat das angefangen?›

Noch ganz mitgenommen von den Schmerzen, räusperte sich Strutt: ‹Sir, ich bin wie immer gegen sieben aufgestanden – Mrs. Barker verspätete sich, also hab ich mir einen Tee und ein Ei gekocht. Kaum hatte ich es runter, fühlte es sich an, als hätte ich Feuer geschluckt. Gräßliche Schmerzen, konnte weder sprechen noch mich bewegen. Ich weiß nicht, was es war, aber ich könnte schwören, es war genau wie bei Ihnen neulich.›

Ich runzelte nachdenklich die Stirn. ‹Na, Sie müssen unbedingt zu Dr. Macdonald. Ich versteh das nicht . . .›

Strutt wurde von dem Arzt gründlich untersucht und für völlig gesund erklärt. Allmählich kam ich nicht mehr um den abergläubischen Gedanken herum, auf meiner neuen Wohnung laste ein Fluch. Darüber grübelte ich gerade nach, als ich in der Bond Street Trevanion über den Weg lief, noch ganz aufgekratzt von seinem Lunch mit der Dame, die sich damals gerade seiner Gunst erfreute. Er nagelte mich sofort fest:

‹Hallo, Connor, haben Sie den Geist schon ausfindig gemacht?›

Ich schüttelte den Kopf. ‹Leider im Gegenteil, in letzter Zeit ereignet sich eine merkwürdige Sache nach der anderen . . .› Und ich berichtete ihm alles. Trevanion hörte aufmerksam zu und lachte keineswegs, wie ich halb befürchtet hatte. Keinem von uns beiden fiel auf, was für ein kurioses Gesprächsthema wir da hatten, an einem schönen Frühlingstag auf der Bond Street.

‹Ich muß schon sagen, so etwas Sonderbares hab ich lange nicht mehr erlebt. Wenn ich das Geräusch neulich nicht selbst gehört hätte – also, ich schlage vor, ich komme heute abend zu Ihnen, so gegen halb zwölf, und wir machen ein Experiment. Ich glaube, mir kommt da allmählich eine Idee. Bis später.›

Ich war erleichtert über seine Ernsthaftigkeit. Die

ganze Angelegenheit wirkte sich allmählich auf meine Arbeit aus, mit der ich nicht sehr gut vorankam.

Spät am Abend klingelte es, und zu meinem Erstaunen führte Strutt Trevanion in Begleitung eines Hundes herein.

‹Wußte gar nicht, daß Sie einen Hund haben›, sagte ich, als wir uns herzlich begrüßten. ‹Aber wenn schon, warum dann so einen räudigen alten Collie-Bastard?›

‹Das ist das Experiment›, sagte Trevanion, und der alte Hund legte sich vor den brennenden Kamin. ‹Aber könnte ich ihm erst mal was zu fressen geben? Es ist der Hund des Hausmeisters im Club, ich hab ihn mir für heute abend geliehen. Heißt Ben, und ich glaube, er hat ziemlich Hunger. Gibt's was für ihn?›

Ich wollte nach Strutt klingeln, aber Trevanion hob die Hand.

‹Ich möchte ihm lieber selbst was geben, irgend etwas Aufgewärmtes.›

Ich kannte Trevanion zu gut, um ihm viele Fragen zu stellen. ‹Das hört sich ja an, als wäre das Vieh ein Derbysieger.›

‹Ich bin nicht so verrückt, wie es aussieht›, meinte Trevanion. ‹Lassen Sie mich nur mal machen.› Ich zog mich mit meinem Buch über Ägypten in den Sessel zurück und ließ ihn mit Töpfen und Pfannen hantieren, bis er schließlich hereinkam, hinter sich den Hund, der sich noch das Maul leckte. Trevanion setzte sich in den Sessel mir gegenüber und griff nach seinem Whisky.

‹Na, Trevanion, haben Sie dem Küchenherd alle Ihre Zaubersprüche vorgesungen?›

‹Wenn wir hiermit fertig sind, können Sie mich aufziehen, soviel Sie wollen. Vielleicht gibt es eine natürliche

Erklärung – in neun von zehn Fällen gibt es eine, aber man kann es auch mal mit einem zehnten zu tun haben. Wissen Sie noch, die Kiste, die nie zublieb, damals, als Sie und ich an der Straße in der Nähe von Lahore arbeiteten?›

Ich nickte. Diese nie ganz geklärte Sache hatte ich ganz vergessen gehabt. Trevanion fuhr fort:

‹Ich halte es für möglich, daß wir es hier mit einem der seltenen Fälle zu tun haben, wo wirklich etwas Seltsames im Spiel ist. Etwas Übernatürliches, meine ich.›

Mir lief es ungemütlich über den Rücken. ‹Und was haben Sie denn jetzt mit dem Hund ausprobiert?›

‹Ich hab ihn aus dem Topf gefüttert, dem blubbernden Stieltopf. Wenn ich recht habe, werden wir es bald sehen. Ich schlage vor, daß Sie und ich und Ben uns hier gegen Mitternacht in der Küche einschließen. Tiere sind für übersinnliche Erscheinungen viel empfänglicher als wir, Hunde und Katzen ganz besonders . . .› Ein ersticktes Keuchen von Ben unterbrach ihn, blitzartig wandten wir uns um – da wand sich der arme alte Hund in tödlichen Krämpfen, die Augen traten ihm hervor, und als wir ihm zu helfen versuchten, schnappte er wie wild nach unseren Händen. Ich lief Brandy und warme Milch holen, und zusammen brachten wir das Tier über das Schlimmste hinweg. Starr sahen wir uns an; ich hatte Gänsehaut.

‹Ich scheine recht zu haben›, sagte Trevanion und streichelte dem erschöpften Hund den Kopf. ‹Armer alter Ben! Alles, was in dieser teuflischen Kasserolle gekocht wird, vergiftet einen oder verursacht jedenfalls Anfälle, die sehr nach Vergiftung aussehen.›

‹Meinen Sie, es ist etwas in der Lackierung?› Trevanion hielt das für unwahrscheinlich – es handelte sich ja um einen ganz gewöhnlichen Emailtopf. Mit einem Blick auf die Uhr – es war fast zwölf – stand Trevanion auf und weckte den Hund, der inzwischen mit der Schnauze auf den Pfoten eingeschlafen war. Schweigend drehten wir die Lichter herunter und gingen auf Zehenspitzen in die Küche. Die Tür stand natürlich wieder offen, aber sonst wirkte alles einigermaßen harmlos. Wir hatten Kissen und Decken mitgebracht und warfen sie am Fenster auf den Boden, von wo aus wir sowohl die Tür als auch die Kasserolle auf dem Herd im Auge hatten, ohne ihr zu nahe zu sein. Wir machten es uns bequem; ich holte meine Pfeife aus der Tasche – und stellte fest, daß der Hund nicht bei uns war. Die Augen des alten Tiers leuchteten im dunklen Gang auf, und als Trevanion leise nach ihm rief, schob Ben vorsichtig die Schnauze über die Schwelle und zog sie dann sofort wieder zurück, die Ohren flach angelegt. Erst nach langem Drängen kam der Hund in die Küche, unwillig, aber gehorsam, und wir machten für ihn Platz. Aber er wollte sich nicht hinlegen, sondern blieb mit wachsam erhobenem Kopf schnuppernd stehen, von vager Angst erregt. Die Luft schien immer kälter zu werden, trotz der warmen Frühlingsluft, die durch das leicht geöffnete Fenster drang; eine kalte, dumpfe Bedrohung schien die Atmosphäre zu beherrschen und uns allmählich zu erfassen. Meine Hände waren unbeweglich vor Kälte, und meine Gedanken auch; Trevanion empfand es ebenso, erzählte er mir später.

Mit gesträubtem Fell schaute Ben unaufhörlich in der Küche umher. Das weißliche Mondlicht machte alles noch unheimlicher; in der alten Standuhr schien sich etwas Dünnes, Langes zu verbergen, das uns mit grausigen kleinen Augen anstarrte ... Trevanion hustete, unsere Blicke begegneten sich, und ich sah, daß er das gleiche dachte: ließ uns die Stille schon Gestalten und Geräusche halluzinieren? In diesem Augenblick entschied der Hund für uns, er bellte einmal leise auf; offenbar hatte er etwas Beunruhigendes gehört. Normalerweise wäre jeder Hund der Sache sogleich auf den Grund gegangen, aber Ben legte sich zwischen uns flach auf den Boden und bebte am ganzen Körper. Da meinte auch ich ein schwaches Geräusch hinter der Tür zu hören – als würde mit der allergrößten Vorsicht und so lautlos wie möglich eine Tür geschlossen. Mir standen die Haare zu Berge, Ben jaulte auf; hinten im Gang bewegte sich etwas, schlich auf Zehenspitzen auf die Küchentür zu! Es klang, als streife ein Kleid über den Boden, dazu leise Schritte. Gleichzeitig wurde mir ein anderes Phänomen bewußt ... ein schweres Parfum hing in der Luft, ein Duft wie Patchouli ... Die Schritte machten vor der Küchentür halt, und wer immer da durch die Nacht schlich, spähte durch die Ritze zu uns herein und – lachte uns aus! Mich packte ein Entsetzen, wie ich es nie zuvor verspürt hatte; wie versteinert saßen wir beide da. Weder ich noch Trevanion konnten das geringste sehen, aber der Hund verfolgte bebend und mit vorstehenden Augen jemanden, der eintrat, innehielt und dann zum Herd hinüberging. Eine unsichtbare Hand schien mit den Töpfen zu hantieren – und plötzlich durchbrach ein grusliges Klappern die Stille: der Deckel der Kasserolle! Das gab mir den Rest. Wie ein Wahnsinniger warf ich die Decke beiseite und rannte, über Ben stolpernd, an dem furchtbaren Herd vorbei, Trevanion mir auf den Fersen. Kaum erreichten wir den Salon, da sperrten wir das in der Küche sein Unwesen treibende Gespenst aus, indem wir die Tür zuknallten, und warfen uns schwitzend in die Sessel. Die Gläser klirrten, als Trevanion uns je einen steifen Whisky einschenkte; noch immer war das ferne, gräßliche Blubbern zu vernehmen.

‹Meine Güte! Ich dachte mir ja schon, daß Sie da ein Gespenst haben, Connor – aber so eines! Ich gebe glatt zu, daß ich mich heute nacht weigere, noch einmal an dieser Küchentür vorbeizugehen. Ich bestehe einfach auf einem Lager auf dem Fußboden, falls in Ihrem Bett für zwei Mann kein Platz ist!›

Sein Lachen klang nicht zimperlich, und das half. In der Ferne brodelte es noch immer, aber nun schwächer.

‹Was zum Teufel ist das denn bloß?› rief ich aus. Trevanion kam rasch wieder zu Besinnung; er zündete sich eine Zigarette an.

‹Ich weiß es nicht sicher, aber wir müssen Ihren Strutt befragen. Sie werden feststellen, daß er mehr weiß, als Sie denken – ich sah ihn an der Küchentür vorbeigehen, als ich Ben gefüttert habe, und er zuckte zusammen und sah verstohlen nach der Kasserolle. Ich habe so getan, als sähe ich ihn nicht. Jedenfalls dreht sich alles um diese verfluchte Kasserolle. Aber jetzt sind wir beide zu mitgenommen, um noch etwas zu unternehmen. Hauen wir uns hin und schauen wir morgen weiter.›

Wir schliefen wie die Klötze, Trevanion auf der Couch in meinem Schlafzimmer, unter Decken und Kissen vergraben. Ich wachte erst auf, als Strutt mit einer Tasse Tee neben mir stand; ich hatte immer schon eine Schwäche für einen Tee vor dem Aufstehen, auch wenn das verweichlicht wirkt. Trevanion war ebenfalls wach. Als Strutt auch ihm eine Tasse reichte, sah Trevanion zu ihm auf: ‹Haben Sie das Teewasser in der . . . Kasserolle heiß gemacht, Strutt?›

Es trat eine Pause ein, und dann sagte Strutt mit tiefster Erleichterung: ‹Dann – wissen Sie es, Sir? Gott sei Dank, dann bin ich also nicht verrückt!›

Ich fuhr ihn an: ‹Was, Strutt, haben Sie auch etwas gesehen?›

‹Gesehen, Sir! Wenn Sie wüßten, wie froh ich bin, daß Sie es wissen und mich nicht für betrunken oder wahnsinnig halten – nur, ich kann Ihnen nicht sagen, was es ist. Die letzten zwei Tage waren die Hölle, ich bitte um Verzeihung, Sir, aber es ist die reine Wahrheit!›

Ich war voller Bewunderung für Strutt, als mir klar wurde, was er durchgestanden hatte. Trevanion nickte und sah ihn wachsam an.

‹Erzählen Sie weiter, Strutt, das ist hochinteressant. Haben Sie an dem ersten Abend, als Mr. Connor hier einzog, für das Kaffeewasser die Kasserolle oder den Kessel genommen?›

‹Die Kasserolle, Sir. Der Kessel leckte. Ich habe die kleine Emailkasserolle genommen, die . . . die immer *brodelt.*› Strutt flüsterte es beinahe.

‹Und an dem Tag, als Sie krank wurden?›

‹Ja, Sir, da habe ich mir zum Frühstück ein Ei darin gekocht. Ich wollte schon die ganze Zeit mit Ihnen darüber reden, aber . . .›

‹Nur keine Rücksichten jetzt, Strutt›, sagte ich heftig. ‹Erzählen Sie uns um Himmels willen alles, was Sie wissen.›

‹Also, Sir, an dem Abend, als Sie krank geworden sind, hörte ich etwas in der Küche brodeln oder köcheln. Na, dachte ich, Mrs. Barker muß was angelassen haben, oder ich. Ich ging hinein – und alles war still, kalt und dunkel! Ich bekam einen Schreck, ging wieder in mein Zimmer und ließ die Tür offen. Kaum war ich da, ging das Geräusch wieder los. Nur, immer wenn ich durch die Tür kam, hörte das verdammte Ding auf zu kochen. Ich hab mir dann das Ei darin gemacht, um mir zu beweisen, daß ich keine Angst davor habe . . . Aber nachdem ich den gleichen Anfall bekam wie Sie, Sir, habe ich das widerliche Ding in den Müll geworfen – nur gestern abend war es wieder da! Verzeihung, Sir, wenn ich Sie wäre, würd ich den Teufelstopf da nicht anrühren. Irgendwas stimmt nicht damit.›

Strutt verstummte, und Trevanion warf mir einen Blick zu. Er nickte.

‹Sie haben völlig recht, Strutt, alles, was Sie sagen, bestätigt meine Theorie. Alles, was in dem Ding gekocht wird, führt zu akuten Vergiftungserscheinungen – Arsenvergiftung, wahrscheinlich, aber die Einzelheiten können wir immer noch herausfinden. Was für eine Geschichte hat denn nun bloß dieser Topf – wenn ich recht verstehe, gehörten alle Gegenstände in der Wohnung der Besitzerin, die früher hier wohnte?›

‹Ja, Sir, so scheint's. Mrs. Barker war lange bei ihr im Dienst und hat sich danach weiter um die Wohnung gekümmert. Nun hab ich gestern was erfahren, was Sie nicht wußten, Sir, als Sie das hier gemietet haben: Drei Mieter hintereinander haben schon hier gewohnt und sind Hals über Kopf ausgezogen. Einer oder zwei sollen übrigens plötzlich krank geworden sein, und keiner blieb länger als ungefähr einen Monat.›

‹Mrs. Barker, Mrs. Barker›, murmelte Trevanion. ‹Ich frage mich allmählich, ob das gute alte Stück etwas weiß.› Während er das sagte, meinte ich vor der Tür ein leises Schlurfen zu hören. Ich stürzte aus dem Bett und riß die Tür auf – da stand sie, ihr böses altes Runzelgesicht von Wut und Angst verzerrt, und knetete mit knotigen Fingern ihre Schürze. Wir starrten sie alle an, und als sie davonhuschen wollte, packte Trevanion sie beim Handgelenk.

‹O nein, meine Dame! Was hatten Sie hier denn zu lauschen?›

Sie blitzte ihn giftig an, antwortete aber nicht. Trevanion zerrte sie ins Zimmer und machte entschlossen die Tür zu.

‹Das gefällt mir überhaupt nicht, Connor. Was meinen Sie, hat diese alte Wachtel etwa die ganze Sache in ihrem eigenen Interesse ausgebrütet?›

Verständnislos schüttelte ich den Kopf. So böse und haßerfüllt die Alte jetzt auch aussah, ich konnte mir nicht vorstellen, wie in aller Welt sie all die merkwürdigen Phänomene hätte auslösen sollen, die wir drei in den letzten Tagen erfahren hatten.

‹Sie wissen irgend etwas›, sagte Trevanion streng. ‹Und wenn Sie uns jetzt alles über diese gräßliche Sache berichten, haben Sie nichts zu befürchten. Anderenfalls . . .›

‹Nichts werd ich sagen. Gibt auch gar nichts zu sagen›, erwiderte die Alte trotzig. Da mischte Strutt sich ein.

‹Sie lügen! Entschuldigung, aber ich hab doch gesehen, wie sie gelacht hat, als Mr. Connor krank war! Sie packen jetzt aus, Sie alte Sünderin, oder ich füttere Sie aus dem Stieltopf!›

Es war ein scheußlicher Anblick, wie die Alte bei dieser Drohung in sich zusammenfiel – wie ein getroffenes Kaninchen. Bebend hob sie die knorrigen Hände.

‹Schon gut, Strutt; lassen Sie sie in Ruhe, Trevanion. Sie wird uns sagen, was sie weiß.›

Mit gebrochener, widerstrebender Stimme begann die alte Frau ihre Geschichte. Ob ich die Szene wohl je vergessen werde, das unaufgeräumte Zimmer, Trevanion und ich in Schlafanzügen, Strutt so korrekt wie immer, mit dem Rücken zur Tür? Die Geschichte war lückenhaft, vieles mußten wir zunächst einfach hinnehmen, aber das Bild, das sie von ihrer einstigen Herrin vor uns heraufbeschwor, war finster genug. Jung, schön, so hart wie Marmor; ein alter Ehemann, der ihr im Wege stand . . . Ein Liebhaber – mehrere – und ein nach dem Tode des Mannes winkendes Vermögen. Einer der Liebhaber Arzt von Beruf, ein geheimnisvolles Päckchen mit Pulver, der Dame offenbar eines Tages übergeben, als die Alte herumspionierte; dann die leere, im Müll gefundene Packung, in der noch einige weiße Körnchen hafteten. Anschließend ein dahinsiechender Gatte, gestützt von seiner standhaft fürsorglichen jungen Frau, seinem Augapfel, unermüdlich in ihrer Güte – wie oft war sie nicht mitten in der Nacht aufgestanden, um ihm ein Süppchen oder Tee oder wonach sonst ihm der Sinn stand zuzubereiten? Bis er am Ende nichts zu sich nahm, was nicht sie ihm zubereitet hatte – seine Schmerzanfälle waren entsetzlich, sagten die Leute – schienen ihn in Stücke zu reißen – das Herz, sagte der Arzt – der junge Arzt, der Freund der Dame, war es, der Beistand leistete, und er und sie lachten zusammen auf der Treppe, wenn er das Krankenzimmer verlassen hatte – dann der Tod des Ehemanns, ein hastiges Begräbnis . . . Der Arzt war verrückt nach der jungen Dame, und eines Nachts hörte Mrs. Barker, wie sie über eine baldige Heirat sprachen;

Madame sagte, sie setze ihr Testament zu seinen Gunsten auf, und bestand darauf, daß er das gleiche tue . . . Er tat es, und Mrs. Barker wurde hineingerufen, um als Zeugin zu fungieren; sie waren sehr fröhlich zusammen, und die Dame wollte ihm unbedingt eigenhändig einen besonderen Punsch zubereiten, damit sie auf ihr Glück trinken könnten . . . Lachend kam die Dame des Hauses in die Küche, schien sogar mit der Kasserolle zu lachen und zu sprechen, in der sie das Wasser für den Punsch erhitzte. Sie schickte Mrs. Barker damals fort – aber der Arzt kam nie zu seinen Flitterwochen. Am nächsten Tag wurde er tot in der Wohnung aufgefunden, und die Dame war auf und davon, mit einem Spanier, mit dem sie zur gleichen Zeit eine Affäre gehabt hatte . . . Nein, es hieß, Tod durch Herzversagen, aber Mrs. Barker – na, sie dachte sich ihr Teil und hielt den Mund. Wozu auch reden? Und die Dame hatte ihr Anweisungen hinterlassen, sich um die Wohnung zu kümmern, bis sie vermietet war, und das war eine gute Stellung; aber sie war nicht sonderlich darauf aus, mit der Kasserolle zu kochen; stellte sie oben ins Regal, bis die neuen Mieter sie eines Tages benutzten und krank wurden und auszogen . . . Das gleiche passierte mit den Nachfolgern, und sie behaupteten immer, sie sähen alle möglichen Dinge und hörten den Kessel oder sonstwas kochen, wenn nichts da war. Ja, Madame hatte ein komisches Parfum benutzt, irgendwas mit ‹P›, das man nicht aussprechen konnte – war manchmal nachts überall in der Wohnung zu riechen . . . Sie könne nicht sagen, daß sie jemals selbst was gesehen hätte – sie sorge dafür, daß sie frühzeitig ins Bett komme, wenn sie in der Wohnung wohne, und weiter als bis zur Küche komme es sowieso nie . . . Ja . . . (trotzig) freilich habe sie das Ding ein- oder zweimal mit Absicht benutzt! Sie sei eine arme Frau und das hier eine gute Stellung, solange keiner in die Quere kam; ja, sie habe den Topf auch schon benutzt, um Mieter zu verscheuchen, weil sie die Stellung behalten wolle und ihr sonst alles egal sei. Es gebe schließlich mengenweise andere Wohnungen in London. Nein – die Erscheinung – das Wesen – komme nur, wenn das Töpfchen auf dem Herd stünde wie früher – ja, sie hatte es vermißt an dem Tag, an dem Strutt es weggeworfen hatte, und so lange danach gesucht, bis sie es wiedergefunden hatte. Natürlich wolle sie, daß wir auszögen wie die übrigen Mieter – die Makler seien es so leid, sich immer wieder mit Auszügen rumzuschlagen, daß sie gesagt hätten, sie würden nicht wieder versuchen, Mieter zu finden, wenn wir auszögen ... Leid tun – warum sollte es ihr denn leid tun? Soweit sie wisse, stürbe nie einer daran – bekomme nur solche Anfälle, wie früher der alte Herr sie gehabt habe ...

Wir ließen sie gehen, und als sich die Tür hinter ihr geschlossen hatte, starrten Trevanion und ich einander an und stießen im gleichen Moment hervor:

‹Gott, was für eine schaurige Geschichte!›

Behutsam gingen wir in die Küche und nahmen die Kasserolle hoch, dieses glatte, harmlos wirkende Instrument der Verbrechen einer ruchlosen Frau. Behutsam übergab ich es Strutt:

‹Knüpfen Sie um Himmels willen einen Stein an das Ding, Strutt, und versenken Sie es in der Themse; oder verbrennen Sie es – werden Sie es irgendwie los. Wir scheinen da auf eine der scheußlichsten Geschichten gestoßen zu sein, die ich jemals gehört habe, aber ich glaube, wenn wir das Ding erst los sind, wird uns nichts mehr belästigen . . .›

Und so war es. Nie wieder erscholl das gespenstische Blubbern und Kochen in der Wohnung, und auch die Küchentür ging nicht mehr von selbst auf. Der Geist war gebannt – aber ich grüble oft über das Geschick des Unglücklichen nach, der nun jene Frau liebt, die mit zarten weißen Händen einst ihrem Mann und ihrem Geliebten in dem unheimlichen Stieltopf ein tödliches Gebräu zubereitete.»

Ellen Glasgow

Die Dritte im Schatten

Als der Anruf kam, da kam ich romantisch angerührt vom Telefon zurück, das weiß ich noch. Obwohl ich nur einmal mit dem großen Chirurgen Roland Maradick gesprochen hatte, kam es mir an jenem Dezembernachmittag so vor, als wäre dies – einmal mit ihm zu sprechen, ihm eine einzige Stunde im Operationssaal zuzusehen – ein Abenteuer, das dem ganzen verbleibenden Leben alle Farbe und Spannung nahm. Selbst nach so vielen Jahren der Arbeit mit Fällen von Typhus und Lungenentzündung kann ich das köstliche Beben meiner jungen Pulse auch heute noch fühlen; kann ich die flache Wintersonne noch durch die Krankenhausfenster auf die weißen Trachten der Schwestern fallen sehen.

«Er hat meinen Namen nicht erwähnt. Kann es sich um einen Irrtum handeln?» Trotz meiner Begeisterung ungläubig, stand ich vor der Leiterin des Krankenhauses.

«Nein, es ist kein Irrtum. Ich habe mit ihm gesprochen, bevor Sie herunterkamen.» Miss Hemphills energisches Gesicht wurde weicher, als sie mich anblickte. Sie war eine kräftige, resolute Frau, eine entfernte kanadische Verwandte meiner Mutter und eine Krankenschwester von jener Sorte, wie sie die Krankenhausverwaltungen im Norden – wenn auch nicht unbedingt die Patienten im

Norden – offenbar instinktiv bevorzugen. Von Anfang an hatte sie trotz ihrer Härte Sympathie für die Cousine aus Virginia gezeigt. Und nicht jede Krankenschwester aus dem Süden, die gerade ihre Ausbildung abgeschlossen hat, kann sich einer Verwandten rühmen, die ein Krankenhaus in New York leitet.

«Und er hat Ihnen wirklich zu verstehen gegeben, daß er mich meint?» Es war so wunderbar, daß ich es einfach nicht glauben konnte.

«Er fragte ausdrücklich nach der Schwester, die dabei war, als er letzte Woche Miss Hudson operierte. Ich glaube, er wußte nicht mal, daß Sie einen Namen haben. ‹Klein war sie›, sagte er, ‹und sah lustig aus.› Das würde natürlich auch auf zwei, drei andere passen, aber keine davon war bei Miss Hudson dabei.»

«Dann ist es wohl wirklich wahr? Und ich soll um sechs Uhr dort sein?»

«Keine Minute später. Die Tagesschwester beendet um sechs ihren Dienst, und Mrs. Maradick wird nie auch nur einen Moment allein gelassen.»

«Sie ist gemütskrank, nicht? Daß er mich auswählt, wird dadurch noch seltsamer, wo ich doch noch so wenige psychiatrische Fälle hatte.»

«So wenige von jeder Sorte.» Miss Hemphill lächelte, und ich fragte mich, ob die anderen Schwestern sie wohl wiedererkennen würden. «Bis Sie einmal durch die Tretmühle von New York durch sind, Margaret, werden Sie noch eine Menge mehr verloren haben als Ihre Unerfahrenheit. Ich frage mich, wie lange Sie sich Ihre Einfühlung und Ihre Phantasie bewahren können? Hätten Sie nicht vielleicht eine bessere Schriftstellerin als eine Krankenschwester abgegeben?»

«Ich kann es nicht lassen, mich in meine Fälle hineinzuversetzen. Das sollte man wohl nicht tun?»

«Die Frage ist nicht, was man sollte, sondern was man muß. Wenn Sie ausgelaugt sind, kein bißchen Mitleid und Eifer mehr übrig haben und nichts dafür zurückbekommen haben, nicht einmal Dank, dann werden Sie verstehen, warum ich Sie davor zu bewahren suche, sich zu verschwenden.»

«Aber in einem solchen Fall – für Doktor Maradick . . .?»

«Oh, ja, natürlich – für Doktor Maradick.» Sie muß gesehen haben, daß ich sie insgeheim anflehte, mir zu vertrauen, denn nach einer Minute warf sie ganz beiläufig Licht auf die Situation: «Ein äußerst trauriger Fall, wenn Sie bedenken, was für ein charmanter Mann und großartiger Chirurg Doktor Maradick ist.»

«Ich habe nur einmal mit ihm gesprochen», murmelte ich, «aber er ist wirklich charmant, und so freundlich und gutaussehend, nicht?»

«Seine Patienten verehren ihn.»

«Oh, ja, das habe ich gesehen. Keiner möchte ihn gehen lassen, wenn er Visite macht.»

Er war, so nehme ich an, zum Frauenhelden geboren. Von meinem ersten Tag im Krankenhaus an, als ich durch geschlossene Jalousien beobachtete, wie er aus seinem Wagen stieg, hatte ich keinen Zweifel daran, daß ihm die Hauptrolle im Stück zugedacht war. Selbst nach den furchtbaren Ereignissen des nächsten Jahres erinnerte ich mich noch genau an meinen ersten Eindruck: sorglos und prachtvoll. In jenem Moment, als ich ihn durch die Ritzen der Jalousie in seinem dunklen Pelzmantel über das Trottoir gehen sah, wußte ich mit untrüglicher Sicherheit, daß mein Geschick in der Zukunft unauflöslich mit dem seinen verknüpft sein würde. Ich wußte es im voraus, obwohl Miss Hemphill dann immer behauptete, meine Vorahnungen seien nur der Nachhall sentimentaler Romane gewesen. Aber es war nicht nur erste Verliebtheit, auch wenn meine Verwandte mich für leicht beeindruckbar hielt. Es war nicht nur sein Aussehen. Mehr als seine glänzenden dunklen Augen, sein silbrig-braunes Haar, der melancholische Schimmer über seinem Gesicht – mehr sogar noch als sein Charme und seine Überlegenheit gewann seine Stimme mein Herz. Es war eine Stimme, so hörte ich später jemanden sagen, die immer Gedichte sprechen sollte.

So werden Sie verstehen – denn wenn Sie dies nicht verstehen, werde ich Ihnen das Unmögliche nie verständlich machen können! –, so werden Sie verstehen, daß ich seinem Ruf folgte, der mich als klarer Befehl erreichte. Wie sehr ich es auch versucht hätte, nicht hinzugehen, ich hätte mich am Ende doch ergeben. Damals hoffte ich noch, einmal Romane schreiben zu können, und ich redete viel von «Schicksal» (inzwischen habe ich gelernt, wie albern solches Gerede ist): Vielleicht war es mein «Schicksal», mich im Netz von Roland Maradicks Persönlichkeit zu verfangen. Aber ich bin nicht die erste Krankenschwester, die liebeskrank nach einem Arzt geworden ist, der nie einen Gedanken auf sie verschwendete.

«Ich freue mich, daß Sie den Ruf bekommen haben, Margaret. Es kann für Sie eine Menge bedeuten. Nur versuchen Sie, nicht zu gefühlvoll zu werden.» Ich weiß noch, daß Miss Hemphill eine Geranienblüte in der Hand hielt, als sie das sagte, und ich nehme den Duft jetzt noch wahr. Später habe ich mich oft gefragt, ob sie sich nicht ebenfalls in dem Netz verfangen hatte.

«Ich wünschte, ich wüßte mehr über den Fall. Haben Sie Mrs. Maradick je gesehen?»

«Aber ja. Sie sind nicht viel länger als ein Jahr verheiratet, und am Anfang kam sie manchmal zum Krankenhaus und wartete draußen, während der Doktor seine Visiten machte. Damals war sie eine sehr nett aussehende Frau – nicht ausgesprochen hübsch, aber blond und schlank, und ich glaube, sie hatte das reizendste Lächeln, das ich je gesehen habe. In jenen ersten Monaten war sie so verliebt, daß wir unter uns manchmal darüber gelacht haben. Ihr Gesicht aufleuchten zu sehen, wenn der Doktor aus dem Krankenhaus kam und über das Trottoir zu seinem Wagen ging – das war so gut wie im Theater zu sitzen. Ein- oder zweimal brachte sie auch ihr kleines Mädchen mit und besuchte einen Patienten. Das Kind glich ihr so sehr, daß man sie überall als Mutter und Tochter erkannt hätte.»

Ich hatte gehört, daß Mrs. Maradick verwitwet gewesen war, als sie den Doktor kennenlernte, und fragte nun: «Sie besaß viel Geld, nicht?»

«Ein großes Vermögen. Wäre sie nicht so attraktiv gewesen, hätten die Leute wohl gesagt, Doktor Maradick hätte sie deswegen geheiratet. Nur –» sie versuchte sich offenbar genauer zu erinnern – «ich meine gehört zu haben, im Falle einer Wiederverheiratung sei ihr der Zugriff versperrt, das Vermögen werde dann treuhänderisch verwaltet. Ich kann nicht darauf schwören, aber daß es ein merkwürdiges Testament war, weiß ich noch, und daß Mrs. Maradick nicht in den Genuß des Vermögens kommt, bevor das Kind mündig ist. Ich finde das so schade –»

Eine junge Schwester kam ins Büro, um nach etwas zu fragen, und Miss Hemphill beließ es dabei. Die arme Mrs. Maradick. Vielleicht war ich wirklich zu gefühlvoll, aber ich fing schon an, mich in ihre traurige, abseitige Situation einzufühlen, bevor ich sie noch gesehen hatte.

Meine Vorbereitungen dauerten nur ein paar Minuten. Damals hatte ich für dringende Anforderungen immer einen fertig gepackten Koffer bereitstehen, und es war noch nicht sechs Uhr, als ich von der Tenth Street in die Fifth Avenue einbog und einen Augenblick vor den Stufen stehenblieb, um das Haus zu betrachten, in dem Doktor Maradick wohnte. Es war ein altes Haus mit feucht aussehenden Wänden und einem spindelförmigen Eisengeländer an der Treppe, die zu der schwarzen Tür hinaufführte. In dem altmodischen, fächerförmigen Fenster über der Tür bemerkte ich ein schwaches Flackern. Später entdeckte ich, daß Mrs. Maradick in diesem Haus geboren war – ihr Mädchenname lautete Calloran – und niemals irgendwo anders hatte wohnen wollen. Sie war eine Frau mit starken Bindungen an Personen wie Orte; und obwohl Doktor Maradick sie nach der Hochzeit zu einem Umzug zu überreden versucht hatte, klammerte sie sich gegen seinen Willen an das alte Haus am unteren Ende der Fifth Avenue. Diese sanften, zarten Frauen können, besonders wenn sie immer reich gewesen sind, manchmal erstaunlich eigensinnig sein. Ich habe seitdem so viele von ihnen gepflegt – Frauen mit starken Zuneigungen und schwachem Verstand –, daß ich den Typ erkenne, sobald er mir unter die Augen kommt.

Erst nach einer Weile wurde mir auf mein Klingeln hin geöffnet, und als ich ins Haus trat, sah ich, daß die

Eingangshalle völlig dunkel war, bis auf den Schein eines Kaminfeuers, das in der Bibliothek brannte. Als ich meinen Namen nannte und sagte, ich sei die Nachtschwester, hielt der Diener es wohl nicht für notwendig, meinetwegen Licht anzuzünden. Es war ein alter schwarzer Butler, vielleicht noch von Mrs. Maradicks Mutter geerbt, der, wie ich später erfuhr, aus South Carolina stammte; und als er an mir vorbei die Treppe hinaufging, hörte ich ihn brummen, er werde «kein Licht nicht anmachen, bevor das Kind nicht hat ausgespielt».

Angezogen von dem warmen Lichtschimmer, trat ich scheu über die Schwelle zur Bibliothek und beugte mich über das Feuer, um meinen nassen Mantel zu trocknen. Wie gemütlich es hier doch war, nach den feuchten Wänden draußen, an denen sich ein paar kahle Kletterpflanzen emporrankten. Noch geblendet vom Schein des Feuers, schaute ich mich im Halbdunkel um; da rollte über den alten Perserteppich aus dem düsteren angrenzenden Raum ein rotblauer Gummiball auf mich zu. Während ich noch vergeblich versuchte, das Spielzeug zu fangen, kam mit auffälliger Leichtigkeit und Anmut ein kleines Mädchen hereingelaufen und blieb sogleich erstaunt stehen, als es die Fremde erblickte. Es war sehr klein und so leicht, daß es geräuschlos über das blanke Parkett flitzen konnte; kaum älter als sechs oder sieben Jahre, stand es mit einer merkwürdig ernsten Würde da, der Würde einer viel älteren Person, und schaute mich mit einem Blick an, den ich nicht deuten konnte. Sie trug ein kariertes Kleidchen und ein rotes Band im Haar, das auf der Stirn zum Pony geschnitten war und ihr sonst glatt auf die Schultern fiel. Aber das Seltsamste an ihr war ihr wissender, bitter erfahrener Blick.

«Suchst du deinen Ball?» fragte ich, aber da hörte ich schon den Diener zurückkommen, und noch einmal versuchte ich, den Ball aufzuheben. Als ich den Kopf hob, sah ich, daß das Mädchen davongeschlüpft war; und ohne nach ihm zu sehen, folgte ich dem alten Schwarzen hinauf in das komfortable Arbeitszimmer, in dem der große Chirurg mich erwartete.

Vor zehn Jahren errötete ich noch sehr leicht, und als ich sein Zimmer betrat, wußte ich, daß meine Wangen die Farbe von Pfingstrosen hatten. Damals schwärmte ich für die Wunder der Chirurgie, und im Operationssaal war Roland Maradick ein Zauberer, der auch jemandem Älteren und Vernünftigerem als mir den Kopf hätte verdrehen können. Zu seinem großen Ruf und seinen erstaunlichen Fähigkeiten sah er mit seinen fünfundvierzig Jahren auch noch besser aus, als man sich vorstellen kann. Ich hätte ihn selbst dann angebetet, wenn er grob zu mir gewesen wäre. Aber als er mir die Hand reichte und mich so charmant begrüßte, wie er sich einer Frau gegenüber immer verhielt, da hatte ich das Gefühl, ich könnte für ihn sterben. Kein Wunder, daß man im Krankenhaus sagte, jede Frau, die er operiere, verliebe sich in ihn.

«Ich freue mich, daß Sie kommen konnten, Miss Randolph. Sie waren letzte Woche dabei, als ich Miss Hudson operiert habe?» Ich neigte den Kopf. «Damals ist mir Ihr strahlendes Gesicht aufgefallen. Ich glaube, Mrs. Maradick braucht Heiterkeit um sich. Sie findet ihre Tagesschwester deprimierend.» Sein Blick ruhte so freundlich auf mir, daß ich vermute, er ahnte meine Verehrung für ihn. Nicht, daß es seiner Eitelkeit sonderlich geschmeichelt haben kann – ich war schließlich gerade erst mit meiner Schwesternausbildung fertig –, aber manche

Männer genießen jede Huldigung, selbst die bescheidenste.

«Sie werden sicherlich Ihr Bestes tun.» Er hielt gerade so lange inne, daß ich die Besorgnis unter seinem jovialen Lächeln wahrnehmen konnte. «Wir möchten möglichst vermeiden, sie fortzuschicken.»

Nach einigen umsichtig gewählten Worten über die Krankheit seiner Frau läutete er und wies das Hausmädchen an, mir mein Zimmer zu zeigen. Erst als ich schon die Treppe zum dritten Stockwerk hinaufstieg, wurde mir bewußt, daß er mir im Grunde nichts mitgeteilt hatte. Als ich das Haus betreten hatte, war ich so ahnungslos gewesen, was Mrs. Maradicks Krankheit betraf, wie jetzt.

Ich fand mein Zimmer sehr angenehm. Es war auf Doktor Maradicks Verlangen hin vereinbart, daß ich im Hause schlafen würde, und nach meinem spartanischen Bett im Krankenhaus war ich entzückt über das Apartment, in das mich das Hausmädchen führte. Eine Rosentapete bedeckte die Wände, und geblümte Vorhänge hingen an dem Fenster, das auf einen kleinen französischen Garten hinter dem Haus blickte, wie das Mädchen mir sagte; denn es war so dunkel, daß ich nur einen Marmorbrunnen und eine Fichte erkennen konnte.

In zehn Minuten war ich in meine Schwesterntracht geschlüpft und bereit, meine Patientin aufzusuchen, doch aus irgendeinem Grund – bis heute habe ich nie herausgefunden, was sie anfangs gegen mich einnahm – weigerte Mrs. Maradick sich, mich zu empfangen. Ich stand vor der Tür und hörte, wie die Tagesschwester versuchte, sie zu überreden, mich hereinzulassen. Es nützte jedoch nichts, und schließlich mußte ich wieder auf mein Zimmer gehen und abwarten, bis die arme Dame ihre Laune überwunden hatte und einwilligte, mich zu sehen. Das war lange nach dem Abendessen, und Miss Peterson war ziemlich mitgenommen, als sie mich holen kam.

«Ich fürchte, Sie haben eine schlechte Nacht vor sich», sagte sie, als wir hinuntergingen. Es war, wie ich bald merkte, ihre Art, von allem und jedem stets das Schlimmste zu erwarten.

«Hält sie Sie oft so lange fest?»

«Oh, nein, meistens ist sie sehr rücksichtsvoll, ich kenne kaum jemanden, der so gutherzig ist wie sie. Aber sie leidet eben unter dieser Halluzination –»

Wie schon in der Szene mit Doktor Maradick hatte ich erneut das Gefühl, daß die Erklärung das Rätsel nur noch größer machte. Von Mrs. Maradicks Halluzination, worin sie auch bestehen mochte, sprach man offensichtlich im Hause nicht. Es lag mir auf der Zunge zu fragen: «Was ist denn ihre Halluzination?» Aber da waren wir schon an der Tür angekommen, und Miss Peterson bedeutete mir zu schweigen. Als sie die Tür einen Spalt öffnete, sah ich, daß Mrs. Maradick bereits zu Bett gegangen war und kein Licht mehr brannte außer einer Lampe, die neben einem Buch und einer Wasserkaraffe auf dem Nachttisch stand.

«Ich gehe nicht mit hinein», flüsterte Miss Peterson mir zu; und ich wollte eben über die Schwelle treten, als ich das kleine Mädchen im karierten Kleid aus dem trübe beleuchteten Zimmer in den hellen Flur schlüpfen sah. Es hielt eine Puppe im Arm, und als es vorbeiging, ließ es ein Puppenkörbchen fallen. Miss Peterson mußte es aufgehoben haben, denn als ich mich gleich darauf danach umdrehte, sah ich es nicht mehr. Ich weiß noch, daß ich dachte, das Kind ist noch sehr spät auf, dabei sieht es zart aus; aber schließlich ging mich das nichts an, und ich hatte im Krankenhaus gelernt, mich nicht überall einzumischen. Nichts lernt eine Krankenschwester so schnell wie, daß sie es aufgeben muß, die Welt an einem Tag zurechtrücken zu wollen.

Als ich zu dem Stuhl neben Mrs. Maradicks Bett ging, wandte sie sich um und sah mich mit einem lieben, sehr traurigen Lächeln an.

«Sie sind die Nachtschwester», sagte sie sanft, und von diesem Augenblick an wußte ich, daß nichts an ihrer Manie – oder Halluzination, wie sie es nannten – hysterisch oder gewalttätig war. «Man hat mir Ihren Namen gesagt, aber ich weiß ihn nicht mehr.»

«Randolph – Margaret Randolph.» Ich mochte sie sofort, und sie muß es gespürt haben.

«Sie sehen sehr jung aus, Miss Randolph.»

«Ich bin zweiundzwanzig, aber ich werde gewöhnlich für jünger gehalten.»

Sie schwieg, und ich dachte, wie auffällig sie dem kleinen Mädchen glich – das gleiche kleine, herzförmige Gesicht, das gleiche glatte, dunkelblonde Haar und die gleichen tiefliegenden, unter geschwungenen Brauen weit auseinanderstehenden Augen, groß und ernst. Am meisten aber erstaunte mich, daß sie diesen rätselhaften, fragenden Ausdruck gemeinsam hatten – nur schien er sich bei Mrs. Maradick gelegentlich in Furcht zu verwandeln, fast hätte ich gesagt, in blitzartig auftretende Panik.

Bis es Zeit wurde für Mrs. Maradicks Medizin, wechselten wir kein Wort. Doch als ich mich mit dem Glas über sie beugte, hob sie den Kopf vom Kissen und fragte in einem flüsternden, unterdrückt dringlichen Ton:

«Sie sehen nett aus. Ich frage mich, ob Sie mein kleines Mädchen gesehen haben?»

Ich versuchte, ihr heiter zuzulächeln. «Ja, ich habe sie zweimal gesehen. Sie sieht Ihnen so unverkennbar ähnlich.»

Ihre Augen leuchteten auf; sie mußte sehr hübsch gewesen sein, bevor die Krankheit ihren Zügen die Lebendigkeit raubte. «Dann weiß ich, daß Sie gut sind. Sonst hätten Sie sie nicht sehen können.»

Das kam mir seltsam vor, aber ich erwiderte nur: «Sie sah zu zart aus, um noch so spät aufzusein.»

Ein Beben lief über ihre schmalen Züge, und ich dachte einen Augenblick, sie werde in Tränen ausbrechen. Ich stellte das Glas ab und strich ihr das seidige Haar aus der Stirn.

«Sie war immer so leicht und ätherisch, obwohl sie nie einen Tag krank war», sagte sie nach einer Pause ganz ruhig. Dann griff sie nach meiner Hand und flüsterte leidenschaftlich: «Sie dürfen es ihm nicht sagen – Sie dürfen es keinem sagen, daß Sie sie gesehen haben!»

«Ich darf es keinem sagen?»

«Sind Sie sicher, daß niemand horcht – daß keiner an der Tür ist?» fragte sie, schob meinen Arm beiseite und richtete sich auf.

«Ganz sicher. Das Licht im Flur ist ausgeschaltet.»

«Und Sie erzählen es ihm nicht? Versprechen Sie es mir. Er mag es nicht, daß sie zurückkommt, weil er sie umgebracht hat.»

Umgebracht! Nun ging mir ein Licht auf – das also war Mrs. Maradicks Halluzination! Sie glaubte, ihr Kind –

das ich mit eigenen Augen aus ihrem Zimmer hatte kommen sehen – wäre tot und ihr Mann – der große, verehrte Chirurg – hätte es umgebracht. Kein Wunder, daß sie diesen schrecklichen Wahn verschleierten, daß Miss Peterson nicht einmal gewagt hatte, davon zu sprechen. Eine solche Halluzination war einfach nicht zu ertragen.

«Es hat keinen Zweck, von Dingen zu sprechen, die keiner glaubt.» Ihr Händedruck hätte mir weh getan, wären ihre Finger nicht so zerbrechlich gewesen. «Niemand glaubt, daß er sie getötet hat. Niemand glaubt, daß sie täglich ins Haus zurückkommt. Niemand glaubt es – aber Sie haben sie gesehen –»

«Ja, ich habe sie gesehen, aber warum hätte Ihr Mann sie töten sollen?» Ich sprach beruhigend, wie zu einer Wahnsinnigen. Aber sie war nicht wahnsinnig, darauf hätte ich schwören können.

Sie stöhnte auf, als seien ihre Gedanken zu entsetzlich für Worte. Dann machte sie mit ihrem dünnen, bloßen Arm eine ungestüme Geste. «Weil er mich nie geliebt hat! Er hat mich nie geliebt!»

«Aber er hat Sie geheiratet», sagte ich nachdrücklich. «Warum hätte er das getan, wenn er Sie nicht geliebt hätte?»

«Er wollte das Geld – das Geld meines kleinen Mädchens. Es fällt alles ihm zu, wenn ich sterbe.»

«Aber er ist doch selbst reich. Er muß in seinem Beruf ein Vermögen verdienen.»

«Das reicht nicht. Er wollte Millionen haben.» Sie klang nun streng und tragisch. «Nein, er hat mich nie geliebt. Von Anfang an liebte er eine andere – schon bevor ich ihn kennenlernte.»

Ich sah, sie ließ sich nicht davon abbringen. Wenn sie nicht verrückt war, dann in einem Zustand der Angst und Abhängigkeit, der an Wahnsinn grenzte. Flüchtig dachte ich daran, hinaufzugehen und das Mädchen aus dem Kinderzimmer zu holen; aber dann ging mir durch den Kopf, daß Miss Peterson und Doktor Maradick dies schon längst versucht haben mußten. Ich konnte offensichtlich nichts tun, als sie so gut wie möglich zu beruhigen; das tat ich, bis sie in einen leichten Schlaf fiel.

Gegen sieben Uhr war ich erschöpft; nicht von der Arbeit, sondern von der Beanspruchung meines Mitgefühls, und ich war sehr froh über die Tasse Kaffee, die mir eines der Hausmädchen brachte. Mrs. Maradick schlief noch, denn ich hatte ihr eine Mixtur aus Bromid und Chloral gegeben; und sie erwachte erst, als Miss Peterson ihren Dienst antrat. Als ich dann hinunterging, fand ich im Speisezimmer nur die alte Haushälterin, die Besteck sortierte. Doktor Maradick, sagte sie mir, nehme das Frühstück im Morgenzimmer ein.

«Und das kleine Mädchen? Ist es im Kinderzimmer?»

Sie warf mir einen erschrockenen Blick zu.

«Es gibt kein kleines Mädchen. Haben Sie denn nicht davon gehört?»

«Gehört? Nein. Ich habe es doch gestern erst gesehen.»

Nun sah sie mich zutiefst beunruhigt an. «Das kleine Mädchen – und was war das für ein entzückendes Kind – ist vor zwei Monaten an Lungenentzündung gestorben.»

«Aber sie kann nicht gestorben sein.» Es war töricht von mir, das zu sagen, aber sie hatte mir einen Schock versetzt. «Ich habe sie doch gestern gesehen.»

«Das ist das Leiden von Mrs. Maradick. Sie meint, sie sieht sie noch immer.»

«Und Sie nicht?» fragte ich direkt.

«Nein.» Sie kniff die Lippen zusammen. «Ich sehe nie etwas.»

Also hatte ich mich doch geirrt, aber dies verstärkte nur mein Entsetzen.

«Gibt es denn noch ein anderes Kind im Haus? Vielleicht von einem der Dienstboten?» Ich dachte schon, nun werde sich der Nebel lichten.

«Nein. Der Doktor hat einmal versucht, eines ins Haus zu bringen, aber das hat die arme Frau in einen solchen Zustand versetzt, daß sie fast gestorben wäre. Und so ein süßes, stilles Kind wie Dorothea gibt es auch nicht noch mal. Wenn ich sie in ihrem karierten Kleidchen herumspringen sah, mußte ich immer an eine Fee denken, obwohl es ja heißt, Feen würden nur Weiß oder Grün tragen.»

«Hat sonst noch jemand das Kind gesehen, einer der Dienstboten vielleicht?»

«Nur der alte Gabriel, der farbige Butler, der mit Mrs. Maradicks Mutter aus dem Süden gekommen ist. Ich habe gehört, Neger hätten oft so etwas wie ein zweites Gesicht, wenn man's so nennen kann. Aber sie glauben anscheinend instinktiv an Übernatürliches, und Gabriel ist so alt und übergeschnappt, daß keiner drauf achtet, was er sieht. Er geht nur noch an die Tür und putzt das Silber.»

«Ist das Kinderzimmer noch so, wie es war?»

«Aber nein. Der Doktor hat alle Spielsachen an das Kinderkrankenhaus geschickt. Das war sehr schlimm für Mrs. Maradick, aber auch Doktor Brandon und alle Schwestern hielten es für besser, daß Dorotheas Zimmer nicht so blieb, wie es gewesen war.»

«Das Kind hieß also Dorothea?»

«Ja, das heißt Gottesgeschenk, nicht? Sie wurde so nach der Mutter von Mrs. Maradicks erstem Mann getauft. Der war von der ernsten, stillen Sorte – ganz anders als der Doktor.»

Ich fragte mich, ob der Haushälterin auch Mrs. Maradicks andere schreckliche Wahnvorstellung bekannt war, aber sie sprach nicht davon, und da ich sie als geschwätzig einschätzte, hielt ich es für klüger, so zu tun, als hätte der Klatsch sie nicht erreicht.

Nach dem Frühstück hatte ich das erste Gespräch mit Doktor Brandon, dem berühmten Seelenarzt, der die Patientin behandelte. Ich hatte ihn noch nie gesehen, bildete mir aber auf den ersten Blick intuitiv eine Meinung. Er war wohl durchaus aufrichtig – soviel habe ich ihm immer zugestanden, auch wenn ich erbittert über ihn war. Es war nicht seine Schuld, daß es ihm an Vorstellungsgabe fehlte und daß er es sich im Umgang mit abnormalen Erscheinungen angewöhnt hatte, alles im Leben als Krankheit zu betrachten. Er gehörte zu jenem Typ von Arzt, der instinktiv mit Gruppen statt mit Individuen umgeht. Er war groß und förmlich und sehr rund im Gesicht; und nach wenigen Minuten Gespräch wußte ich, daß er in Deutschland ausgebildet war und dort gelernt hatte, jedes Gefühl als pathologische Äußerung zu behandeln. Ich fragte mich immer, was er vom Leben hatte – was irgend jemand vom Leben hat, der alles außer dem nackten Skelett weganalysiert hat.

Als ich endlich in mein Zimmer kam, war ich so müde, daß ich mich kaum noch an Doktor Brandons Fragen und Anweisungen erinnern konnte. Ich schlief ein, sobald mein Kopf das Kissen berührte, und das Mädchen, das fragen kam, ob ich zu Mittag essen wollte, beschloß, mich schlafen zu lassen. Als sie am Nachmittag mit einer Tasse Tee wiederkam, fühlte ich mich noch immer so schläfrig, als hätte ich bis zum Morgengrauen getanzt. Dabei war ich an Nachtpflege gewöhnt.

Als ich gegen sieben vom Abendessen kam und Miss Peterson ablösen wollte, die eine Stunde länger geblieben war, begegnete ich Doktor Maradick in der Halle, und er bat mich in sein Arbeitszimmer. In Abendkleidung und mit einer weißen Blume im Knopfloch fand ich ihn eleganter denn je. Er ginge zu einem öffentlichen Dinner, erzählte mir die Haushälterin; aber er ging ständig irgendwohin. Ich glaube nicht, daß er in jenem Winter an einem Abend zu Hause gespeist hat.

«Hat Mrs. Maradick eine gute Nacht verbracht?» fragte er mit einem freundlichen Lächeln, als er die Tür hinter uns geschlossen hatte.

«Sie hat sehr gut geschlafen, nachdem sie die Medizin eingenommen hatte. Ich habe sie ihr um elf Uhr gegeben.»

Er betrachtete mich schweigend, und ich spürte, daß er seine ganze Persönlichkeit, seinen Zauber auf mich richtete. Es war fast, als stünde ich am Schnittpunkt von Lichtstrahlen, so lebhaft war mein Eindruck von ihm.

«Hat sie in irgendeiner Weise auf ihre – auf ihre Halluzination angespielt?» fragte er.

Eine warnende Stimme in mir sagte mir, daß nun der Zeitpunkt gekommen sei zu wählen, auf wessen Seite ich in diesem Haus stand.

«Sie hat ganz vernünftig gesprochen», antwortete ich nach kurzem Zögern.

«Und was hat sie gesagt?»

«Sie hat mir erzählt, wie sie sich fühle, daß sie ihr Kind vermisse und jeden Tag ein wenig im Zimmer umhergehe.»

Seine Miene veränderte sich; ich wußte dies nicht gleich zu deuten.

«Hat Doktor Brandon mit Ihnen gesprochen?»

«Er kam heute morgen und hat mir Anweisungen gegeben.»

«Er fand, es ginge ihr heute schlechter. Er hat mir geraten, sie nach Rosedale zu schicken.»

Nie habe ich auch nur insgeheim versucht, über Doktor Maradick zu urteilen. Vielleicht war er aufrichtig. Ich berichte nur, was ich weiß, nicht, was ich glaube oder mir vorstelle; und das Menschliche ist manchmal so unerforschlich und unerklärlich wie das Übersinnliche.

Während er mich beobachtete, war ich mir eines inneren Kampfes bewußt, als würden irgendwo tief in mir feindliche Engel miteinander ringen. Als ich mich schließlich entschied, handelte ich nicht so sehr aus vernünftiger Überzeugung, sondern gehorchte mehr dem Druck eines verborgenen Gedankenstroms. Wahrhaftig, dieser Mann hielt mich noch in seinem Bann, als ich mich ihm schon widersetzte.

«Doktor Maradick», sagte ich und sah ihm zum erstenmal offen in die Augen, «ich glaube, daß Ihre Frau so wenig geistesgestört ist wie ich – und Sie.»

Er zuckte zusammen: «Dann hat sie also nicht offen zu Ihnen gesprochen?»

«Sie mag sich täuschen, höchst unausgeglichen und unglücklich sein, aber sie gehört nicht in eine Anstalt. Das müßte ich sagen, auch wenn ich meine Zukunft damit aufs Spiel setzte. Es wäre töricht, ja grausam, sie nach Rosedale zu schicken.»

«Grausam, sagen Sie?» Sein Gesicht wirkte auf einmal besorgt, und seine Stimme wurde sehr sanft. «Sie glauben doch nicht, daß ich grausam zu ihr sein könnte?»

«Nein, das glaube ich nicht.»

«Wir werden die Dinge lassen, wie sie sind. Vielleicht hat Doktor Brandon noch einen anderen Vorschlag.» Er zog seine Taschenuhr hervor und verglich sie nervös mit der Standuhr. «Ich muß jetzt gehen. Wir unterhalten uns morgen früh weiter.»

Doch während des ganzen Monats, in dem ich Mrs. Maradick pflegte, wurde ich nicht wieder ins Arbeitszimmer ihres Mannes gerufen. Wenn ich ihm in der Halle oder auf der Treppe begegnete, und das geschah selten, dann war er so charmant wie immer, aber ich hatte das anhaltende Gefühl, er habe sich an jenem Abend ein Urteil über mich gebildet und keine weitere Verwendung für mich.

Mit der Zeit schienen Mrs. Maradicks Kräfte zu wachsen. Nie hatte sie nach der ersten Nacht wieder mir gegenüber das Kind erwähnt, nie auch nur mit einem Wort auf den entsetzlichen Vorwurf gegen ihren Mann angespielt. Sie war wie jede Frau, die sich von einem großen Schmerz erholt, nur liebenswerter und weicher. Ich fand immer, daß sie so viel von einem Engel hatte, wie es einer Frau auf dieser Erde nur möglich ist. Doch bei all ihrer Engelhaftigkeit kam es mir manchmal so vor, als hasse und fürchte sie ihren Mann. Obwohl er in meiner Gegenwart nie ihr Zimmer betrat und ich erst eine Stunde vor dem Ende aus ihrem Mund seinen Namen vernahm, sagte mir ihr entsetztes Gesicht, sobald seine Schritte auf dem Flur zu hören waren, daß ihre Seele bebte, wenn er sich näherte.

Den ganzen Monat über sah ich das Kind nicht wieder, aber eines Nachts entdeckte ich auf dem Fensterbrett in Mrs. Maradicks Zimmer ein Gärtchen, wie es Kinder aus Kieseln und Pappestücken anlegen. Ich sprach mit Mrs. Maradick nicht darüber, und als das Hausmädchen kurz darauf die Jalousie herunterließ, bemerkte ich, daß der Garten verschwunden war. Seit damals habe ich mich oft gefragt, ob das Kind nur für uns andere unsichtbar blieb, seine Mutter es aber weiterhin sah. Doch es ging Mrs. Maradick so gut, daß ich nicht das Herz hatte, sie zu fragen. Gerade als ich zu hoffen begann, ihr Zustand werde bald einen ersten Spaziergang erlauben, kam so plötzlich das Ende.

Es war ein milder Januartag – einer jener frühlingshaften Tage mitten im Winter –, und als ich am Nachmittag aus meinem Zimmer kam, blieb ich kurz am Flurfenster stehen und schaute auf das Buchsbaumlabyrinth im Garten hinunter. In der Mitte des kiesbestreuten Weges stand ein alter Brunnen mit zwei lachenden Marmorjünglingen darauf, und das Wasser, das Mrs. Maradick zuliebe an jenem Morgen aufgedreht worden war, funkelte nun silbrig in der Sonne, und es erschien mir wie eine gute Idee, wenn Mrs. Maradick für eine Stunde hinausginge und ein Sonnenbad nähme.

Als ich jedoch in ihr Zimmer kam, stellte ich fest, daß ihr nicht danach war, in den Garten zu gehen. In Schals gehüllt, saß sie am offenen Fenster und blickte von dem Buch auf, in dem sie las. Ein Topf mit Osterglocken stand auf dem Fensterbrett; sie liebte Blumen sehr, und wir versuchten, in ihrem Zimmer immer etwas Blühendes zu haben.

«Wissen Sie, was ich lese, Miss Randolph?» sagte sie und las mir einen Vers vor, während ich am Nachttisch eine Dosis Arznei abmaß.

«‹Wenn du zwei Brotlaibe hast, verkaufe einen und kaufe Osterglocken, denn Brot nähret den Körper, doch Osterglocken erfreuen die Seele.› Das ist schön, finden Sie nicht?»

Ich stimmte ihr zu und fragte sie dann, ob sie nicht ein wenig im Garten spazierengehen wolle.

«Das würde ihm nicht gefallen», antwortete sie, und es war das erste Mal, daß sie wieder ihren Mann erwähnte. «Er will nicht, daß ich hinausgehe.»

Ich versuchte, ihr diese Idee lachend auszureden, aber es nützte nichts. Auch damals kam ich noch nicht auf den Gedanken, daß ihre Furcht vor Doktor Maradick auf etwas anderem als Einbildung beruhen könnte. Ich sah natürlich, daß sie nicht geistesgestört war, aber auch Gesunde haben manchmal unbegründbare Vorurteile, und ich nahm ihre Abneigung als bloße Marotte oder Aversion hin. Verstehen konnte ich sie damals so wenig wie heute.

Der Nachmittag verging bei lebhaftem Gespräch, denn sie konnte lebhaft sein, wenn etwas sie interessierte. Dann, in der letzten Stunde des Tageslichts – jener feierlichen, stillen Stunde, in der die Lebenskraft zu ermatten und für einige kostbare Minuten zu stocken scheint –, geschah jene Sache, die ich seit meiner ersten Nacht im Hause insgeheim gefürchtet hatte. Ich weiß noch, daß ich aufgestanden war, um das Fenster zu schließen, und mich einen Augenblick in die milde Luft hinauslehnte, als draußen auf dem Flur absichtlich gedämpfte Schritte und das gewohnte Klopfen von Doktor Brandon zu hören waren. Da öffnete sich auch schon die Tür, und der Arzt trat mit Miss Peterson ein. Die Tagesschwester war eine dumme Person, das wußte ich; aber noch nie war sie mir so dumm, so hinter ihrer Berufsrolle verschanzt erschienen wie in diesem Augenblick.

«Wie nett, daß Sie Luft schöpfen.» Während Doktor Brandon zum Fenster kam, fragte ich mich böse, was für ein Widerspruchsteufel ihn wohl zum bekannten Spezialisten für Nervenleiden erhoben haben mochte.

«Wer war der andere Arzt, den Sie heute morgen mitgebracht haben?» fragte Mrs. Maradick beherrscht, und nur dadurch erfuhr ich vom Besuch eines zweiten Psychiaters.

«Jemand, der Sie gern heilen möchte.» Er ließ sich in einen Sessel neben ihr fallen und tätschelte ihr mit seinen langen, bleichen Fingern die Hand. «Wir sind so erpicht darauf, Sie zu heilen, daß wir Sie für etwa zwei Wochen aufs Land schicken möchten. Miss Peterson wird Ihnen helfen, alles vorzubereiten, und mein Wagen steht für Sie bereit. Einen schöneren Tag für solch einen Ausflug gibt es doch kaum, oder?»

Der Augenblick war gekommen. Ich wußte, was er meinte, und Mrs. Maradick auch. Röte überflutete ihre Wangen und verebbte, als ich zu ihr hintrat und ihr die Arme auf die Schultern legte. Auch wenn es mich meine Laufbahn als Krankenschwester und mein Ansehen als psychisch gesunde Person kosten sollte, ich wußte, ich mußte meinen inneren Warnsignalen folgen.

«Sie bringen mich in eine Anstalt», sagte Mrs. Maradick.

Er versuchte irgendwelche lächerlichen Ablenkungsmanöver, aber er hatte noch nicht ausgeredet, als ich mich ihm spontan zuwandte. Für eine Krankenschwester bedeutete das unverhohlenen Aufstand, und mir war klar, daß ich damit meine berufliche Zukunft zunichte machte. Aber ich zögerte nicht. Etwas Stärkeres spornte mich an.

«Doktor Brandon», sagte ich, «ich bitte Sie, nein, ich flehe Sie an, bis morgen zu warten. Es gibt da Dinge, die ich Ihnen mitteilen muß.»

Er zog eine merkwürdige Miene, und bei all meiner Aufregung begriff ich, daß er nach der Gruppe suchte, in die er mich einordnen sollte – nach der Klasse von krankhaften Symptomen, in die ich gehören mußte.

«Aber ja, aber ja, wir werden uns alles anhören», erwiderte er besänftigend; aber ich sah ihn Miss Peterson einen Blick zuwerfen, und sie ging zum Kleiderschrank, um Mrs. Maradicks Hut und Pelzmantel zu holen.

Ohne Vorwarnung warf Mrs. Maradick plötzlich die Schals beiseite und erhob sich. «Wenn Sie mich fortschicken», sagte sie, «komme ich nie mehr zurück. Lebend komme ich nicht zurück.»

Die Dämmerung setzte gerade ein, und ihr Gesicht leuchtete im Halbdunkel so bleich und blumig wie die Osterglocken auf dem Fensterbrett. «Ich kann nicht fort!» rief sie eindringlicher. «Ich kann nicht fort von meinem Kind!»

Ich sah deutlich ihr Gesicht; ich hörte ihre Stimme; und da merkte ich, daß die Tür sich langsam öffnete und das kleine Mädchen quer durch den Raum auf seine Mutter zulief. Ich sah es die Arme heben und sah, wie die Mutter sich hinabbeugte und es an sich zog. So leidenschaftlich umarmten sie sich, daß ihre Gestalten im Zwielicht zu verschmelzen schienen.

«Können Sie danach noch zweifeln?» Fast wild schleuderte ich ihnen das entgegen, doch als ich mich von Mutter und Kind Doktor Brandon und Miss Peterson zuwandte, stockte mir der Atem: sie waren blind für das Kind. In ihren leeren Gesichtern stand die Bestürzung der Unwissenden, nicht der Überzeugten geschrieben. Sie hatten nichts gesehen als die leeren Arme der Mutter und die rasche, sinnlose Geste, mit der sie sich hinuntergebeugt hatte, um ein unsichtbares Wesen in ihre Arme zu schließen.

«Können Sie danach noch zweifeln?» Doktor Brandon schleuderte mir meine eigenen Worte ins Gesicht. War es die Schuld dieses armen Mannes, daß ihm das Leben nur die Augen des Fleisches gegönnt hatte? War es seine Schuld, daß er nur die Hälfte der Dinge sehen konnte, die vor ihm stattfanden?

Aber die beiden konnten nicht sehen, und daher war es sinnlos, es ihnen zu schildern. Binnen einer Stunde brachten sie Mrs. Maradick in die Anstalt, und sie ging ruhig mit, obwohl sie schwache Zeichen von Gefühlen gab, als es Zeit wurde, von mir Abschied zu nehmen. Ich erinnere mich, daß sie, als wir schon auf dem Trottoir standen, den schwarzen Schleier lüftete, den sie des Kindes wegen trug, und sagte: «Bleiben Sie bei ihr, Miss Randolph, so lange Sie können. Ich komme nie mehr zurück.»

Dann stieg sie in den Wagen und wurde davongefahren, während ich ihr, mit einem Schluchzen in der Kehle, nachblickte. Ich empfand die Szene als furchtbar, aber wie entsetzlich sie war, begriff ich erst einige Monate später, als ich hörte, sie sei in der Anstalt gestorben.

Woran, erfuhr ich nie, wenn es auch verschwommen hieß «an Herzversagen». Ein sehr weiter Begriff. Ich selbst glaube, daß sie einfach am Entsetzen vor dem Leben gestorben ist.

Zu meinem Erstaunen bat mich Doktor Maradick, als seine Praxisschwester zu bleiben, nachdem seine Frau nach Rosedale gebracht worden war; und als die Nachricht von ihrem Tod kam, war von Kündigung nicht die Rede. Ich weiß bis heute nicht, warum er mich im Haus behalten wollte. Vielleicht dachte er, ich hätte weniger Gelegenheit, Klatsch zu verbreiten, wenn ich unter seinem Dach blieb; vielleicht wollte er immer noch die Macht seines Charmes über mich auf die Probe stellen. Für einen so bedeutsamen Mann war seine Eitelkeit unglaublich. Ich habe ihn vor Vergnügen erröten sehen, wenn Leute sich auf der Straße nach ihm umdrehten, und ich weiß, daß er es nicht unter seiner Würde fand, mit den sentimentalen Schwächen seiner Patienten zu spielen. Aber er war ja auch so großartig! Wenige Männer, glaube ich, sind Gegenstand so vieler törichter Schwärmereien gewesen.

Im folgenden Sommer reiste Doktor Maradick für zwei Monate ins Ausland, und während er fort war, verlebte ich meinen Urlaub in Virginia. Als er zurückkehrte, gab es mehr Arbeit denn je – sein Ruf war damals außerordentlich –, und meine Tage waren so mit Terminen und der raschen Konzentration auf Notfälle erfüllt, daß mir kaum eine Minute Zeit blieb, an die arme Mrs. Maradick zurückzudenken. Seit sie in die Anstalt gebracht worden war, hielt sich das Kind nicht mehr im Haus auf; und allmählich rang ich mich dazu durch, die kleine Gestalt sei eine optische Illusion gewesen, das Ergebnis von Lichtwechseln in den düsteren, alten Räumen, und keine Erscheinung, wie ich einmal geglaubt hatte. Es dauert nicht lange, bis ein Geist in der Erinnerung verblaßt, besonders wenn man gezwungenermaßen ein so aktives und methodisches Leben führt wie ich in jenem Winter. Ich weiß noch, daß ich mir sagte, vielleicht hatten die Ärzte doch recht und die arme Frau hatte wirklich ihren Verstand verloren. Damit änderte sich unmerklich auch meine Einstellung zu Doktor Maradick. Ich glaube, schließlich sprach ich ihn völlig frei. Und gerade als er in meinen Augen so unschuldig und erhaben dastand, kam die plötzliche Umkehrung; ein so gewaltsamer Wechsel, daß ich oft glaube, ich werde das Schwindelgefühl, das ich dabei erlebte, niemals wieder los.

Es war Mai, als ich von Mrs. Maradicks Tod hörte, und genau ein Jahr später, an einem duftenden, milden Nachmittag, als die Osterglocken um den alten Brunnen im Garten blühten, kam die Haushälterin in die Praxis, um mir die bevorstehende Hochzeit des Doktors mitzuteilen.

«Etwas anderes war auch nicht zu erwarten», schloß sie vernünftig. «So ein geselliger Mann muß sich hier im Haus einsam fühlen. Aber ich kann mir nicht helfen», fügte sie nach einer Pause hinzu, in der es mich schauderte, «ich kann mir nicht helfen, es muß doch schlimm für die andere Frau sein, all das Geld zu bekommen, das der armen Mrs. Maradick ihr erster Mann hinterlassen hat.»

«Dann ist es also viel Geld?»

«Sehr viel.» Sie fuchtelte mit den Händen, als ließe sich die Summe mit Worten nicht beschreiben. «Millionen und aber Millionen!»

«Dieses Haus geben sie dann doch sicher auf?»

«Schon geschehen, meine Liebe. Heute übers Jahr ist kein Backstein mehr davon übrig. Es wird abgerissen und ein Apartmenthaus auf dem Grundstück gebaut.»

Wieder schauderte es mich. «Sie haben den Namen der Braut gar nicht erwähnt», sagte ich. «Hat er sie in Europa kennengelernt?»

«Ach was, nein! Es ist dieselbe Dame, mit der er verlobt war, bevor er Mrs. Maradick heiratete; nur hat sie ihn damals abgewiesen, sagen die Leute, weil er nicht reich genug war. Sie hat dann irgendeinen Grafen oder Prinzen vom alten Kontinent geheiratet, aber es gab eine Scheidung, und jetzt hat sie sich wieder ihrem alten Liebhaber zugewandt. Jetzt ist er wohl sogar für sie reich genug!»

Es entsprach wohl alles der Wahrheit; es klang so einleuchtend wie eine Geschichte aus der Zeitung; doch während sie es mir erzählte, spürte ich eine ungreifbare, bedrohliche Spannung in der Luft. Gewiß, ich war nervös und erschüttert von der Neuigkeit, aber ich hatte zugleich den lebhaften Eindruck, daß das Haus lauschte, daß sich ein reales, wenngleich unsichtbares Wesen irgendwo im Raum oder im Garten aufhielt. Doch als ich einen Augenblick später durch die Fenstertür auf die Terrasse schaute, sah ich nur den schwachen Sonnenschein auf dem verlassenen Garten mit seinem Buchsbaumlabyrinth, seinem Marmorbrunnen und den Osterglocken.

Die Haushälterin war gegangen. Die Osterglocken jedoch brachten mir Mrs. Maradicks Worte von jenem letzten Abend wieder in den Sinn. Fast automatisch wiederholte ich die Zeilen, die sie mir vorgelesen hatte:

«Wenn du zwei Brotlaibe hast, verkaufe einen und kaufe Osterglocken» – und in eben diesem Moment, als die Worte noch auf meinen Lippen waren, blickte ich auf das Labyrinth und sah das Kind über den Kiesweg zum Brunnen hüpfen. Ganz deutlich sah ich sie zwischen den niedrigen Hecken zu der Stelle am Brunnen tänzeln, wo die Osterglocken blühten. Von ihrem glatten dunkelblonden Haar über das karierte Kleidchen bis zu ihren kleinen Füßen, die in weißen Strümpfen und Lackschuhen über das Springseil schnellten, war sie so wirklich für mich wie der Boden, auf den sie auftrat, und die lachenden Marmorjünglinge unter dem plätschernden Wasser. Ich sprang von meinem Stuhl auf und tat einen Schritt auf die Terrasse hinaus. Wenn ich sie nur erreichen, nur mit ihr sprechen könnte, dann würde ich das Geheimnis endlich lüften. Doch kaum fuhr der Wind auf der Terrasse in mein Kleid, da verschmolz die ätherische kleine Gestalt mit dem düsteren, leblosen Labyrinth von Hecken. Kein Atemzug versetzte die Osterglocken in Bewegung, kein Schatten schwebte über dem sprühenden Wasser; und doch setzte ich mich erschöpft und aufgewühlt auf die Schwelle zur Terrasse und brach in Tränen aus. Ich muß gewußt haben, daß etwas Entsetzliches passieren würde, bevor man Mrs. Maradicks Haus abriß.

Der Doktor speiste an jenem Abend auswärts. Er begleitete die Dame, die er heiraten würde, erzählte mir die Haushälterin; und als ich ihn kommen und auf sein Zimmer gehen hörte, muß es fast Mitternacht gewesen sein. Ich hielt mich im Erdgeschoß auf, weil ich nicht schlafen konnte und das Buch, das ich zu Ende lesen wollte, unten lag. Ich hatte es sehr spannend gefunden, als ich es am Morgen zu lesen begann; aber nach dem Besuch des Kindes fand ich den romantischen Roman so fade wie ein Lehrbuch der Krankenpflege. Ich konnte mich nicht mehr auf die Zeilen konzentrieren und wollte gerade aufgeben und zu Bett gehen, als Doktor Maradick die Haustür aufschloß und die Treppe hinaufging.

Ich saß noch an meinem Schreibtisch, als das Klingeln des Telefons mich zusammenzucken ließ und die Stimme der Oberschwester mir hastig mitteilte, daß Doktor Maradick im Krankenhaus gebraucht wurde. Ich hatte mich an diese nächtlichen Anrufe so gewöhnt, daß ich mich viel sicherer fühlte, nachdem ich den Doktor in seinem Schlafzimmer angerufen und seine tatkräftige Antwort gehört hatte. Er habe sich noch nicht ausgezogen, sagte er; wenn ich seinen Wagen zurückbeorderte, der inzwischen gerade in der Garage angekommen sein müsse, sei er gleich unten.

«In fünf Minuten bin ich bei Ihnen!» rief er munter, als hätte ich ihn zu seiner Hochzeit zitiert.

Ich hörte ihn sein Zimmer durchqueren, und bevor er oben am Treppenabsatz angekommen sein konnte, ging ich in die Halle, um das Licht anzuschalten und Hut und Mantel für ihn bereitzuhalten. Während ich mich auf den Schalter zubewegte, blickte ich die trübe beleuchtete Treppe hinauf, die mit ihrem schlanken Mahagonigeländer geradewegs bis zum dritten Stock hinaufführte. Genau in diesem Moment, wo der Doktor, heiter vor sich hin summend, rasch die Treppe herunterzusteigen begann, sah ich deutlich in lockeren Schlaufen das Springseil eines Kindes auf einer Stufe liegen. Mit einem Sprung hatte ich den Schalter erreicht und die Halle mit Licht durchflutet; ich hielt den Arm noch nach hinten gestreckt, als ich das Summen in einen Aufschrei des Erstaunens oder Erschreckens übergehen hörte, und die Gestalt auf der Treppe stolperte und stürzte mit Halt suchenden Händen kopfüber ins Leere. Der Warnruf blieb mir in der Kehle stecken, während ich ihn die lange Folge von Stufen herunterfallen sah, bis vor meine Füße. Schon bevor ich mich hinabgebeugt, das Blut von seiner Stirn gewischt und seinen verstummten Herzschlag gefühlt hatte, wußte ich, daß er tot war.

Irgend etwas – sei es, wie die Welt glaubt, ein Fehltritt im Halbdunkel oder, wie ich zu bezeugen bereit bin, ein unsichtbarer Urteilsspruch –, irgend etwas hatte ihn just in dem Moment getötet, als er am meisten zu leben wünschte.

Enid Bagnold

Das schamlose Gespenst

Es war fünf Uhr an einem Sommermorgen. Die Vögel, die um drei erwacht waren, gingen längst schon ihren diversen Pflichten nach. Das schlichte weiße Haus mit den geschlossenen grünen Fensterläden stand wuchtig inmitten der feuchten Rasenflächen, und auf dem Gras ging sein Besitzer auf und ab, mit seinen Gummistiefeln dunkle Flecken im grauen Tau hinterlassend. Seine Haare waren ungekämmt, er trug seinen Schlafanzug und einen Mantel darüber, und jedesmal, wenn er am Rand des Rasens angekommen war, blickte er zu einem bestimmten Fenster hinauf, dem Fenster des Schlafzimmers, das er mit seiner Frau teilte, an welchem – wie an manchen Fenstern der langgestreckten Fassade – die Läden ordentlich an die Wand zurückgeklappt waren und in schweren Falten lange cremefarbene Vorhänge hingen.

Der Besitzer des Hauses fühlte sich ungemütlich und fehl am Platze da auf seinem Rasen statt in seinem Bett, aber er rieb sich die kalten Hände und setzte seinen Gang fort. Er trug keine Uhr am Handgelenk, doch als die Stalluhr sechs schlug, trat er ins Haus und ging durch die stille Halle hinauf in sein Badezimmer. Das Wasser aus den Hähnen war vom Abend zuvor noch lauwarm, und er nahm ein Bad. Als er aus dem Badezimmer in sein

Ankleidezimmer trat, hörte er in den Wohnräumen unten das erste Hausmädchen aufräumen, und um sieben Uhr klingelte er nach seinem Butler, damit dieser ihm seine Sachen zum Anziehen richtete.

Da am Vortag das gleiche vorgefallen war, hatte der Butler schon halb mit dem Klingeln gerechnet; er gähnte und war gereizt, aber bereits angezogen.

«Guten Morgen», sagte Mr. Templeton überraschend. Dies war ein Gruß, der ihm sonst fernlag, aber er wünschte den Klang seiner Stimme auszuprobieren. Als er kein Beben darin vernahm, sprach er weiter und bestellte eine Melone aus dem Gewächshaus.

Beim Frühstück zeigte er wenig Appetit, und sobald er die Melone verzehrt hatte, entfaltete er die Zeitung. Die Tür des Speisezimmers öffnete sich, und die beiden Hausmädchen traten ein und kündigten ihm ihre Dienste auf.

«Heute in einem Monat, Sir», wiederholte die Dienstältere, um das darauf folgende Schweigen zu brechen.

«Das geht mich nichts an», sagte er leise. «Ihre Herrin kommt heute abend zurück. Sie müssen sich mit diesen Dingen an sie wenden.»

Sie verließen den Raum.

«Was ist denn los mit den Mädchen?» fragte Mr. Templeton den Butler, der eben hereinkam.

«Sie haben nicht mit mir gesprochen, Sir», sagte der Butler wenig glaubwürdig, «aber wenn ich recht verstehe, hat es Aufregung gegeben.»

«Weil ich mir erlaube, an einem Sommermorgen früh aufzustehen?» fragte Mr. Templeton mit Mühe.

«Ja, Sir. Und aus anderen Gründen.»

«Die da wären?»

«Das Hausmädchen», sagte der Butler so distanziert,

als spräche er von den Bewegungen einer Fliege, «hat überall in Ihrem Schlafzimmer verstreut Kleidungsstücke gefunden.»

«Meine Kleidungsstücke?» sagte Mr. Templeton.

«Nein, Sir.»

Mr. Templeton setzte sich hin. «Ein Nachthemd?» sagte er schwach, als buhle er um menschliches Verständnis.

«Ja, Sir.»

«Mehr als eines?»

«Ja, Sir.»

«Meine Güte!» sagte Mr. Templeton und ging unsicher pfeifend zum Fenster.

Stumm räumte der Butler den Tisch ab und verließ den Raum.

«Gar keine Frage», sagte Mr. Templeton zu sich selbst, «sie hat sich ausgezogen . . . hinter dem Sessel.»

Nach dem Frühstück ging er durch seine Felder und durch ein Waldstück, in der Absicht, mit Mr. George Casson zu reden. Doch George war für den Tag nach London gefahren, und angesichts der blankgeputzten Haustür, des blankgeputzten Hausmädchens und der nüchtern wirkenden *Morning Post* auf dem Tisch in der Halle, fand Mr. Templeton es dann sogar besser, daß er seine unglaubliche Geschichte niemandem anvertrauen mußte.

«Ich werde mit Hettie telefonieren», beschloß er, «und mir bestätigen lassen, daß sie wirklich heute abend kommt.»

Er rief seine Frau an, erzählte ihr, alles sei in Ordnung und ihm gehe es gut, und hörte mit Befriedigung, daß sie gleich nach dem Dinner am Abend hinauskommen werde, mit dem Zug um elf Uhr dreißig, der um zwölf Uhr fünfzehn eintraf.

«Dann schicke ich den Wagen, und du bist um halb eins hier. Ich bin vielleicht schon im Bett, ich fühle mich mitgenommen.»

«Du bist doch nicht krank?»

«Nein, ich habe nur eine schlechte Nacht hinter mir.»

Erst am Nachmittag, nach einem guten Lunch und einem Whisky Soda, begab sich Mr. Templeton nach oben, um sein Schlafzimmer in Augenschein zu nehmen.

Die verträumten Vorhänge blähten sich leicht im Luftzug. Am Kamin stand ein ausladender, hoher Ohrensessel, mit gemustertem Rips überzogen. Sessel und Kamin gegenüber stand das Doppelbett, in dessen einer Hälfte Mr. Templeton am Abend zuvor gelegen und seine Papiere studiert hatte. Er ging zu dem Sessel, steckte die Hände in die Taschen und starrte darauf hinunter. Dann ging er zu der Kommode hinüber und zog eine Schublade auf. Rechts lagen Hetties Hemdchen und Mieder, ordentlich gebügelt und gefaltet. Links waren Hetties Nachthemden übereinandergelegt, gefaltet, aber nicht gebügelt. Mr. Templeton bemerkte die Knitterfalten in der Seide.

«Indizien, Indizien», murmelte er auf dem Weg zum Fenster. «Etwas muß hier im Zimmer vorgefallen sein, nachdem ich heute morgen hinausgegangen bin. Die Hausmädchen glauben, sie hätten die Nachthemden einer fremden Frau zerkrumpelt auf dem Boden gefunden. Tatsächlich sind es Hetties Nachthemden. Ein Arzt würde vermutlich sagen, ich hätte es selbst getan, in Trance.»

«Erst zwei Nächte?» dachte er und schaute wieder zum

Bett. Es kam ihm wie eine Woche vor. Am ersten Abend, als er, auf Kissen gestützt, im Bett gelegen und inmitten verstreuter Papiere gearbeitet hatte, war gegen zwei Uhr nachts sein Blick zufällig auf die Lehne des Sessels gefallen – und da hatte er die beiden Hände lässig über die Lehne hängen sehen, als kauere der Körper, zu dem sie gehörten, unsichtbar auf der Sitzfläche. Er starrte reglos hin, und Furcht rieselte ihm über den Rücken. Zehn Minuten verstrichen so, bis die Hände plötzlich verschwanden, als habe die Person in dem Sessel ihre Haltung geändert. Immer noch sah er starr hin.

Schließlich kämpfte er seine Stimmung nieder. «Müde», sagte er sich. «So etwas hat man schließlich schon gelesen. Im Hirn spiegelt sich irgend etwas wider.» Sein Herz beruhigte sich, und behutsam bettete er sich flacher und versuchte zu schlafen. Er wagte es nicht, die um ihn verstreuten Papiere zusammenzulegen, sondern lag bei brennender Lampe da, bis die Morgendämmerung die gelben Wände aufleuchten ließ. Um fünf Uhr erhob er sich unausgeruht, den Blick noch immer auf die Lehne des Ohrensessels geheftet, und ging ohne Morgenrock und Hausschuhe aus dem Zimmer. In der Halle fand er einen Mantel und seine Gummistiefel, entriegelte die Haustür und trat auf den betauten Rasen hinaus.

Am zweiten Abend war er, nach einem Tag an der frischen Luft, so davon überzeugt, daß sein nächtliches Erlebnis auf Einbildung, seine Sehschwäche und ein nach zuviel Arbeit halluzinierendes Hirn zurückzuführen sei, daß er nicht einmal daran dachte, den Ohrensessel mit dem Sitz zum Bett zu rücken. Erst als er schon arbeitend in den Kissen lag und ab und zu auf die Sessellehne blickte, wünschte er undeutlich, er hätte ihn umgedreht. Nach zwei Stunden Arbeit wußte er, daß in dem Sessel etwas vorging.

«Wer da?» rief er. Das leise Rascheln, das er gehört hatte, hörte einen Augenblick lang auf und setzte dann wieder ein. Für eine Sekunde glaubte er, eine Hand seitlich hervorlugen zu sehen, und einmal hätte er schwören können, über der Lehne zeige sich eine blonde Haarkrone. Irgend etwas rieb sich im Sessel, und ein Gegenstand flog heraus und landete außerhalb seines Gesichtsfeldes auf dem Boden. Nach einigen Minuten schoß eine Hand auf und legte ein steifes weißes Bündel über die Lehne. Etwas, das wie ein Ärmchen aussah, hing herab.

Mr. Templeton hatte eine schlechte Nacht und allzu viele emotional anstrengende Stunden hinter sich. Als er begriff, daß der Gegenstand ein Korsett mit baumelnden Strumpfbändern war, rumpelte etwas unregelmäßig in seinem Herzen, wie ein Schwarm Fliegen schwebten Tausende von Staubteilchen vor seinen Pupillen, und er wurde ohnmächtig.

Als er erwachte, war die Lampe gelöscht, der Raum dunkel, und er fühlte sich ein wenig krank. Als er sich auf der Suche nach einer bequemeren Lage im Bett herumwälzte, fiel ihm wieder ein, daß er eine Angstkrise durchgemacht hatte. Er blickte um sich und sah die Dämmerung auf den Vorhängen spielen. Dann hörte er ein Klirren am Waschtisch, der viel näher an seinem Bett stand als der Sessel. Er war nicht allein; das Wesen befand sich noch immer im Zimmer. Leise hörte er Porzellan gegen Porzellan schlagen und Wasser plätschern. Unscharf nahm er eine stehende Frauengestalt wahr.

«Zieht sich aus», sagte er zu sich, «wäscht sich.»

Der nächste Gedanke schnürte ihm die Kehle zu.

War es möglich, daß die Frau in sein Bett kommen würde?

Dieser Gedanke war es gewesen, der ihn in hellem Aufruhr aus dem Zimmer stürzen und auf seinem taunassen Rasen auf und ab marschieren ließ.

«Und nun», dachte Mr. Templeton, als er im Nachmittagslicht in dem aufgeräumten Schlafzimmer stand und sich umschaute, «muß Hettie entweder an Untreue oder an Übernatürliches glauben.»

Er packte den Ohrensessel mit beiden Händen, schon im Begriff, ihn auf den Treppenabsatz hinauszuschieben, änderte dann jedoch seinen Plan. «Ich lasse ihn so stehen und gehe wie gewohnt zu Bett. Ich bin es uns beiden schuldig, daß ich herausfinde, was das alles zu bedeuten hat.»

Den Rest des Tages verbrachte er im Freien, spielte Golf und begab sich nach einem sehr frühzeitigen Abendessen zur Ruhe. Infolge des Schlafmangels schmerzte ihm böse der Kopf, aber erfreut stellte er fest, daß sein Herz gleichmäßig schlug. Gegen das Kopfweh nahm er ein paar Aspirintabletten und legte sich mit einem leichten Roman als Lektüre im Bett auf die Lauer. Hettie würde um halb eins eintreffen, und der Butler blieb auf, um sie einzulassen. Eine sorgsam abgedeckte Platte mit Sandwiches wartete auf sie in einer Ecke des Schlafzimmers.

Er hatte noch eineinhalb Stunden zu warten. «Sie kann jeden Moment kommen», sagte er sich, an seine Besucherin denkend. Den Ohrensessel hatte er so gedreht, daß er den Sitz im Auge hatte.

Nachdem eine Viertelstunde verstrichen war, pulsierte sein Kopf so grausam, daß er das Buch auf die Knie legte, die helle Leselampe ausschaltete und das Licht andrehte, das die Kaminuhr mit dem großen Zifferblatt beschien, so daß er im Schatten lag. Kurz darauf war er eingeschlafen, auch im Schlaf noch wie aus der Ferne den pulsierenden Schmerz in seinem Kopf registrierend. Am Rande des Bewußtseins hörte er seine Frau eintreffen und hoffte, sie würde ihn nicht wecken. Er nahm Bewegung wahr, als sie ins Zimmer kam und sich auskleidete, aber seine Schmerzen waren so arg, daß er es nicht über sich brachte, ein Lebenszeichen zu geben; und bald spürte er, an seinem Halbschlaf festhaltend, wie die Bettdecke gelüpft wurde und sie neben ihn schlüpfte.

Fröstelnd zog er die Decke näher an sich heran. Es war, als umwehte ihn im Bett ein eisiger Luftzug, der die Nebelschwaden des Schlafs vertrieb und ihn zu sich brachte. Er empfand ein wenig Gewissensbisse über sein Unvermögen, seine Frau zu begrüßen, und streckte unter dem Laken die Hand nach ihr aus, fand ihr Handgelenk und umschloß es mit seinen Fingern. Auch sie war kalt, fremd, eisig; und nach ihrer Stille zu schließen, schlief sie.

«Eine kalte Fahrt vom Bahnhof hierher», dachte er und hielt ihr Handgelenk fest, um es zu wärmen, während er erneut einschlummerte. «Sie kühlt das Bett durch wie ein Eisblock.»

Ein Dröhnen unter dem Fenster und ein Lichtschein auf der Zimmerwand weckten ihn. Verblüfft hörte er, wie der Riegel an der Haustür aufgeschoben wurde. Die Zeiger der erleuchteten Kaminuhr standen auf siebenundzwanzig Minuten nach zwölf. Noch immer das Handgelenk neben sich umklammernd, hörte Mr. Templeton unten in der Halle die klare Stimme seiner Frau.

Edith Nesbit

Das violette Automobil

Kennen Sie die Downs – die windigen Ebenen, die gerundeten, gegen den Himmel gelehnten Schultern der Hügel, die Kuhlen, in die sich Höfe und Katen kuscheln, von Bäumen so eng zusammengehalten wie eine Nelke im Knopfloch? An langen Sommertagen tut es gut, sich in den Downs auf das kurze Gras unter den blassen, klaren Himmel zu legen, den wilden Thymian zu riechen, das Klimpern der Schafglocken und das Lied der Lerchen zu hören. Doch an Winterabenden, wenn der Wind sich aufpumpt, einem Regen in die Augen spuckt, die armen, nackten Bäume peitscht und die Dämmerung über die Hügel ausbreitet wie ein graues Leichentuch, dann hält man sich besser an einem warmen Kamin auf, in einer der Farmen, die an geschützten Stellen einsam liegen und ihre von Kerzen und Feuerschein leuchtenden Fenster der tiefer werdenden Dunkelheit entgegenhalten, wie der Glaube sein Liebeslicht in der Nacht von Sünde und Sorge hochhält, welche das Leben ist.

Ich bin an literarische Bemühungen nicht gewohnt und habe das Gefühl, daß ich nicht – oder nicht überzeugend – aussprechen werde, was ich zu sagen habe, wenn ich es nicht sehr direkt sage. Ich dachte, ich könnte meine

Geschichte mit hübschen Wörtern ausschmücken, sie gefällig arrangieren. Doch wenn ich mich an das erinnere, was wirklich geschehen ist, sehe ich, daß die schlichtesten Worte die besten sind. Ich kann kein Muster in meinen Stoff einweben und ich kann ihn nicht besticken.

Ich bin Krankenschwester und wurde nach Charlestown gerufen, zu einem Fall von Nervenkrankheit. Es war November, und in London herrschte so dichter Nebel, daß mein Taxi im Schrittempo fuhr und ich den vereinbarten Zug verpaßte. Ich sandte ein Telegramm nach Charlestown und wartete in dem tristen Wartesaal von London Bridge. Ein Kind vertrieb mir die Zeit. Seine Mutter, eine Witwe, schien zu niedergeschlagen zu sein, um auf seine rasch aufeinanderfolgenden Fragen zu reagieren. Sie antwortete knapp und offenbar nicht befriedigend. Das Kind selbst schien bald zu spüren, daß seine Mutter gleichsam nicht zur Verfügung stand. Ich fing seinen Blick auf und lächelte. Es lächelte nicht zurück, aber es schenkte mir Aufmerksamkeit. Ich holte aus meinem Gepäck ein mit Perlen und metallischen Troddeln besetztes Seidentäschchen und drehte es hin und her. Das Kind rutschte auf der Bank zu mir hin und sagte: «Laß mich.» Danach war alles einfach. Die Mutter saß mit geschlossenen Augen da. Als ich aufstand, um zu gehen, blickte sie auf und dankte mir. Das anhängliche Kind küßte mich. Später sah ich sie auf ein Abteil erster Klasse in meinem Zug zugehen. Ich hatte eine Fahrkarte dritter Klasse.

Natürlich erwartete ich, daß ich mit irgendeinem Gefährt vom Bahnhof abgeholt würde, aber da war nichts, auch kein Taxi oder eine Mietkutsche. Inzwischen war es fast dunkel, und der Wind trieb den Regen beinahe waagrecht über die wenig befahrene Straße vor der Bahnstation. Verloren und ratlos sah ich hinaus.

«Haben Sie keinen Wagen bestellt?» sprach mich die Witwe an. Ich erklärte ihr meine Lage.

«Mein Automobil wird gleich dasein», sagte sie. «Darf ich Sie mitnehmen? Wo müssen Sie hin?»

«Nach Charlestown», sagte ich und bemerkte eine sehr merkwürdige Veränderung ihrer Miene.

«Warum schauen Sie so?» fragte ich offen. Und natürlich sagte sie: «Wie denn?»

«Stimmt etwas nicht mit dem Haus?» fragte ich, denn darauf führte ich ihre veränderte Miene zurück; ich war sehr jung, und Gerüchte gibt es immer. «Ich meine, es gibt doch keinen Grund, warum ich nicht dort hinfahren sollte?»

«Oh, nein, überhaupt nicht –» Sie blickte in den Regen hinaus, und ich wußte so sicher, als hätte sie es mir erzählt, daß *sie* Gründe hatte, dort nicht hinfahren zu wollen.

«Machen Sie sich keine Mühe», sagte ich, «es ist sehr freundlich von Ihnen, aber wahrscheinlich ist es ein Umweg für Sie und . . .»

«Oh – ich nehme Sie mit, natürlich nehme ich Sie mit», sagte sie, und das Kind rief: «Mutter, da kommt der Wagen.»

Ich verstehe nichts von Automobilen, weiß auch nicht, wie man ihre Bestandteile nennt. Dieses ähnelte einem Brougham, nur stieg man hinten ein; die Sitze befanden sich in den Ecken, und als die Tür geschlossen wurde, klappte ein kleiner Sitz herab, auf den das Kind sich setzte. Dann fuhr der Wagen los, wie von Zauberkraft bewegt oder wie der Traum von einem Zug.

Wir fuhren geschwind durch die Dunkelheit; trotz des dröhnenden Motors hörte ich den Wind heulen und den Regen wild gegen die Fenster prasseln. Von der Landschaft war nichts zu sehen – nur die schwarze Nacht und die Lichtkegel der Scheinwerfer.

Nach sehr langer Zeit, wie mir schien, stieg der Chauffeur ab und öffnete ein Tor. Wir fuhren hindurch, und danach wurde die Straße viel schlechter. Das Kind war eingeschlafen, und wir schwiegen.

Keuchend, als wäre er außer Atem, hielt der Wagen an, und der Chauffeur holte meinen Koffer herunter. Die Umrisse des Hauses konnte ich nicht sehen, nur die erleuchteten Erdgeschoßfenster und ein wenig vom Vorgarten. Aber ich hatte das Gefühl, das Haus müsse recht groß sein, von hohen Bäumen umgeben und in der Nähe eines Teiches oder Flusses gelegen. All dies sollte sich am nächsten Tag als richtig erweisen.

Der Chauffeur trug meinen Koffer einen gepflasterten Weg entlang, und ich stieg aus. «Bitte, warten Sie nicht», sagte ich. «Ich komme jetzt gut zurecht. Und nochmals herzlichen Dank!»

Ich hatte die Schwelle erreicht, der Wagen fuhr ab, doch die Tür öffnete sich nicht. Ich tastete nach dem Klopfer und ließ ihn kräftig fallen. Im Innern des Hauses hörte ich deutliches Flüstern. Die Lichter des Automobils schmolzen rasch zu einem kleinen Stern in der Ferne zusammen, und als sie gänzlich verschwanden, war es totenstill um mich herum. Außer dem rötlichen Schimmer der Vorhänge gab es kein Zeichen von Leben. Ich wünschte, ich hätte mich nicht so hastig von menschlicher Gesellschaft und dem soliden, beruhigenden Automobil verabschiedet.

Ich klopfte erneut, und dann rief ich: «Hallo! Lassen Sie mich ein! Ich bin die Krankenschwester!»

Nach einer Weile wurde ein Riegel zurückgeschoben, ein Schlüssel umgedreht, ich hatte nicht länger nasses Holz vor mir, sondern Licht, einladende Wärme – und Gesichter.

«Kommen Sie herein, kommen Sie herein», sagte eine Frauenstimme, und ein Mann setzte hinzu: «Wir wußten nicht, daß jemand da war.» Wo ich die Tür zum Beben gebracht hatte mit meinem Klopfen!

Ich trat ein, der Mann rief einen Dienstboten, und gemeinsam trugen sie meinen Koffer nach oben.

Die Frau nahm mich am Arm und führte mich in ein freundliches, mit gemütlichen Mahagonimöbeln aus der Mitte des vergangenen Jahrhunderts eingerichtetes Zimmer. Im Lampenlicht wandte ich mich zu ihr um. Sie war klein und dünn, und alles an ihr – das Haar, das Gesicht, die Hände – wirkte gelblich-grau.

«Mrs. Eldridge?»

«Ja», sagte sie sehr leise. «Ach, ich bin ja so froh, daß Sie gekommen sind. Ich hoffe, ich kann es Ihnen hier angenehm machen und Sie bleiben.» Ihre Stimme klang dringlich und sehr gewinnend.

«Ich werde mich bestimmt wohl fühlen», sagte ich, «aber meine Aufgabe ist ja, dafür zu sorgen, daß Sie sich wohl fühlen. Sind Sie schon lange krank?»

«Eigentlich bin nicht ich krank», sagte sie, «sondern er –»

Nun hatte mich jedoch Mr. Robert Eldridge angefordert, als Pflegerin für seine Frau, die geistig leicht verwirrt sei, wie es in dem Brief hieß.

«Ich verstehe», sagte ich. Man darf solchen Patienten nie widersprechen, es verstärkt nur ihr Leiden.

Sie wollte noch etwas sagen, aber sie hörte seine Schritte auf der Treppe und trippelte davon, um Kerzen und heißes Wasser zu holen.

Er kam herein und schloß die Tür; ein hellhäutiger älterer Mann mit Bart, an dem nichts auffällig war.

«Sie werden für sie sorgen», sagte er. «Ich möchte nicht, daß sie mit Leuten spricht. Sie bildet sich Dinge ein.»

«Und welche Form nehmen die Illusionen an?» fragte ich sachlich.

«Sie glaubt, ich wäre verrückt», sagte er und lachte kurz auf.

«Das gibt es häufig. Ist das alles?»

«Das reicht. Und sie kann manches nicht hören, was ich höre, kann Dinge nicht sehen und riechen, die ich wahrnehme. Übrigens, Sie haben wohl kein Automobil gesehen oder gehört, als Sie angekommen sind, oder?»

«Ich bin mit einem Automobil gekommen», sagte ich spitz. «Sie haben mich nicht abholen lassen, und eine Dame hat mich mitgenommen.» Ich wollte gerade erklären, warum ich den früheren Zug verpaßt hatte, als ich merkte, daß er mir nicht zuhörte. Er hielt die Tür im Auge. Als seine Frau hereinkam, ging er zu ihr und flüsterte angelegentlich auf sie ein. Ich verstand nur: «Sie ist in einem richtigen Automobil gekommen.»

Anscheinend war ein Automobil für diese schlichten Leute so ungewohnt wie für mich. Mein Telegramm wurde übrigens am folgenden Morgen abgeliefert.

Sie waren sehr freundlich zu mir; sie behandelten mich wie einen Ehrengast. Als am nächsten Morgen der Regen aufhörte und ich hinausgehen konnte, stellte ich fest, daß Charlestown eine große Farm war, aber selbst für meinen unkundigen Blick wirkte sie vernachlässigt und wenig ertragreich. Es gab für mich absolut nichts zu tun, als Mrs. Eldridge nach Kräften im Haushalt zu helfen und ihr Gesellschaft zu leisten, wenn sie in dem gemütlichen Wohnzimmer nähte. Nach ein paar Tagen begann ich meine kleinen Einzelbeobachtungen zusammenzufügen, und plötzlich hatte ich ein Bild von dem Leben im Haus.

Mir war aufgefallen, daß Mr. und Mrs. Eldridge einander sehr gern hatten und daß ihre Weise, dies zu zeigen, auf einen Kummer schließen ließ, den sie erfahren und gemeinsam getragen hatten; daß sie keinerlei Anzeichen von Geistesgestörtheit aufwies, abgesehen von ihrer festen Überzeugung, *er* sei verwirrt; daß sie am Morgen recht heiter waren und nach dem Mittagessen immer deprimierter zu werden schienen; daß sie nach dem Tee – um die Zeit der Dämmerung – stets zusammen einen Spaziergang machten; daß sie mich nie aufforderten, sie zu begleiten, und daß sie immer den gleichen Weg einschlugen – über die Downs dem Meer zu; daß sie von diesem Spaziergang unweigerlich bleich und niedergeschlagen zurückkamen; daß Mrs. Eldridge dann manchmal allein im Schlafzimmer weinte, während er sich in dem kleinen Zimmer einschloß, das sie Büro nannten und wo er seine Buchhaltung führte, seinen Leuten ihren Lohn auszahlte und seine Jagdgewehre aufbewahrte. Nach dem frühen Abendessen bemühten sie sich immer, gute Laune zu zeigen. Ich wußte, daß sie sich nur meinetwegen Mühe gaben und daß jeder von ihnen glaubte, es tue dem anderen gut.

Unerklärlicherweise wußte ich auch, daß Angst das Leben der beiden prägte – und daß es nicht sie war, von der die Angst ausging. Nach kaum zwei Tagen merkte ich, daß ich sie beide liebzugewinnen begann. Sie waren so freundlich, so sanft, so normal, so schlicht; Menschen, die nicht hätten wissen sollen, was Angst ist, und denen ehrliche, einfache Freuden zugestanden hätten. Sie hätten kein anderes Leid erfahren sollen als dasjenige, das uns allen begegnet: der Tod alter Freunde und die langsamen Veränderungen im Lauf der vorrückenden Jahre.

Sie gehörten in diese Landschaft – zu den Downs, den Wäldchen, den alten Weideflächen und den rarer werdenden Getreidefeldern. Ich verspürte in mir den Wunsch, selbst dort hinzugehören, als Farmerstochter geboren zu sein. All die Mühsal des Lernens, Schule und College und Krankenhaus – es kam mir so laut und nichtig vor, verglichen mit den offenen Geheimnissen des Lebens hier. Und ich empfand dies desto stärker, je mehr in mir die Gewißheit wuchs, daß ich das alles würde verlassen müssen – daß es für mich, wenn ich ehrlich war, hier keine Arbeit von der Art gab, für die ich nun einmal ausgebildet war.

«Ich sollte nicht hierbleiben», sagte ich eines Nachmittags zu Mrs. Eldridge, als wir an der offenen Tür standen. Es war nun Februar, und Schneeglöckchen blühten in dichten Büscheln neben dem gepflasterten Weg. «Es geht Ihnen gut.»

«Das tut es auch», sagte sie.

«Es geht Ihnen beiden gut», sagte ich. «Ich sollte nicht Ihr Geld nehmen und nichts dafür tun.»

«Sie tun sehr viel», sagte sie, «Sie wissen gar nicht, wieviel Sie tun.»

Undeutlich fügte sie hinzu: «Wir hatten einmal eine Tochter.» Und dann, nach einer sehr langen Pause, ruhig und klar: «Er ist nie wieder derselbe geworden.»

«Wie meinen Sie das, derselbe?» fragte ich und hielt das Gesicht in die schwache Februarsonne.

Sie klopfte sich gegen die faltige, gelblichgraue Stirn, wie Leute auf dem Land es tun. «Nicht richtig hier», sagte sie.

«In welcher Weise?» fragte ich. «Erzählen Sie es mir, Mrs. Eldridge, vielleicht könnte ich irgendwie helfen.»

Ihre Stimme klang so einsichtig, so gütig. Ich war an einem Punkt angelangt, wo ich nicht mehr wußte, wer von den beiden eigentlich meiner Hilfe bedurfte.

«Er sieht Dinge, die sonst keiner sieht, und hört Dinge, die sonst keiner hört, und riecht Dinge, die man nicht einmal riecht, wenn man unmittelbar neben ihm steht.»

Ich erinnerte mich plötzlich an seine Worte bei meiner Ankunft und mußte lächeln. «Haben Sie irgendeine Idee, warum das so ist?» fragte ich. Sie faßte nach meinem Arm.

«Es passierte, nachdem unsere Bessie gestorben war», sagte sie, «noch an dem Tag, als sie beerdigt wurde. Das Automobil, das sie umgebracht hat – es soll ein Unfall gewesen sein, auf der Landstraße nach Brighton –, das Automobil war violett. Wenn um eine Königin getrauert wird, tragen die Leute violett, nicht? Und meine Bessie, die war eine Königin. Also war das Automobil violett. Das war also ganz recht so, nicht?»

Nun sagte ich mir, die Frau sei offensichtlich nicht normal; Schmerz mußte ihr den Kopf verdreht haben. Offenbar hatte sich meine Miene verändert, was ich hätte vermeiden müssen; denn plötzlich sagte sie: «Nein. Mehr erzähle ich Ihnen nicht.»

Und dann kam er aus dem Haus. Er ließ mich nie sehr lange mit ihr allein. Und sie mich nie sehr lange mit ihm.

Ich hatte nicht vor, ihnen nachzuspionieren, obwohl ich mir nicht sicher bin, ob ich als Pflegerin eines geistesgestörten Patienten nicht dazu berechtigt gewesen wäre. Jedenfalls spionierte ich nicht. Es war Zufall. Ich war im Dorf gewesen, um mir blaue Nähseide für eine Bluse zu besorgen, die ich mir schneiderte, und es gab einen so prächtigen Sonnenuntergang, daß ich Lust hatte, meinen Spaziergang noch auszudehnen. So geriet ich dorthin, wo die Downs sanft bis zu der gezackten Kante Englands abfallen – zu den schimmernden weißen Klippen, gegen die ewig die Wellen des Kanals rollen. Der Ginster blühte, und die Lerchen sangen, und meine Gedanken kreisten um mein eigenes Leben, meine Hoffnungen und Träume. So stieß ich, ohne es zu wollen, auf eine Straße und folgte ihr zum Meer, doch irgendwann hörte die Straße auf und mündete in weglosen Wiesen, wie manchmal ein Bach im Sand verschwindet. Es gab nichts mehr als Gras, Ginster, Lerchengesang und jenseits der Klippen das Tosen des Meeres. So kehrte ich um, folgte ein Stück der Straße und fand einen tief zwischen bräunlichen Hecken gelegenen Pfad; dort stieß ich auf die beiden, als die Dämmerung einsetzte. Und ich hörte ihre Stimmen, bevor ich sie sah, bevor sie mich sehen konnten. Erst die von Mrs. Eldridge:

«Nein, nein, nein, nein», sagte sie.

«Aber wenn ich es dir doch sage – da, hörst du es denn nicht, dieses keuchende Geräusch – jetzt – jetzt wieder? Es muß ganz nah am Klippenrand sein.»

«Da ist nichts, mein Lieber», sagte sie, «bestimmt nichts.»

«Du bist taub – und blind. Tritt doch zur Seite, es ist ganz nah!»

Da kam ich um eine Biegung des Wegs, und im selben Moment sah ich, wie er sie am Arm packte und zur Hecke zog, so gewaltsam, als wäre die Gefahr wirklich ganz nah. Ich ging einen Schritt zurück und blieb stehen. Sie hatten mich nicht wahrgenommen. Ihr Blick war auf sein Gesicht fixiert, und es war ein gequälter Blick, voll Liebe und Mitleid; sein Gesicht wirkte maskenhaft, vor Panik erstarrt, und seine Augen verfolgten etwas, was sich mit großer Geschwindigkeit den Weg entlangbewegte – und was weder sie noch ich sehen konnten. Im nächsten Augenblick drückte er sich gebeugt in die Hecke, das Gesicht in den Händen verborgen, und sein Körper zitterte so, daß sogar ich es aus einem Dutzend Meter Entfernung durch das lockere Gitter der vorspringenden Hecke sah.

«Und dieser Geruch!» sagte er. «Willst du etwa behaupten, du riechst das nicht?!»

Sie hatte die Arme um ihn gelegt. «Komm nach Hause. Du bildest es dir alles ein. Komm mit deiner alten Frau, die dich liebt, nach Hause.»

Sie gingen heimwärts.

Am nächsten Tag bat ich sie, in mein Zimmer zu kommen und sich die neue Bluse anzusehen. Als ich sie ihr gezeigt hatte, erzählte ich ihr, was ich am Tag zuvor auf dem Heckenweg gehört und gesehen hatte: «Und jetzt weiß ich, wer von Ihnen es nötig hat, daß man sich um ihn kümmert.»

Zu meinem Erstaunen fragte sie sehr lebhaft: «Wer?»

«Nun, natürlich Ihr Mann, denn dort war nichts.»

Sie setzte sich in den chintzbezogenen Sessel am Fenster und begann heftig zu schluchzen. Ich stellte mich zu ihr und beruhigte sie, so gut ich konnte.

«Es ist ja ein solcher Trost», sagte sie schließlich. «Ich wußte ja nicht mehr, was ich glauben sollte. In letzter Zeit habe ich mich oft gefragt, ob nicht vielleicht doch ich verrückt bin, wie er immer gesagt hat. Und da war nichts? Da war *nie* etwas – er wird bestraft, nicht ich. Er. Na, das ist wenigstens etwas, wofür man dankbar sein kann.»

Also hatte sie mehr vor Erleichterung geweint, selbst davongekommen zu sein. Ich schaute sie angewidert an und vergaß, daß ich sie gern gehabt hatte. Ihre nächsten Worte mußten mich dann treffen wie Nadelstiche.

«Es ist schon schlimm genug für ihn, so wie es ist», sagte sie, «aber nichts im Vergleich zu dem, wie es wäre, wenn ich wirklich den Verstand verlieren würde und er glauben müßte, er hätte es mir angetan. Schauen Sie, jetzt kann ich für ihn sorgen, wie ich's immer getan habe. Es überkommt ihn ja nur einmal am Tag. Es ist viel besser, daß er der Kranke ist. Ich kann es besser ertragen als er.»

Da legte ich die Arme um sie und sagte: «Erzählen Sie mir doch, was ihn so erschreckt – und jeden Tag?»

«Ja – seit . . . Ich will's Ihnen erzählen, sich auszusprechen tut gut. Das Automobil, das unsere Bessie getötet hat, war violett. Und was er jeden Tag zu sehen meint, da oben auf dem Weg, das ist ein violettes Automobil. Und er hört es und sagt, er riecht den Motor – das Zeug, das sie hineintun, Sie wissen schon.»

«Benzin?»

«Ja. Und man sieht, wie es ihn quält, als wäre da ein Gespenst, das ihn verfolgt. Wissen Sie, er hat sie aufgehoben, nachdem der violette Wagen sie überfahren hat. Das hat ihn den Verstand gekostet. Ich hab sie nur gesehen, wie er sie hereingetragen hat – und er hatte ihr schon das

Gesicht bedeckt. Aber er hat sie da im Staub liegen sehen, wie sie sie haben liegenlassen . . . die Stelle, wo es geschehen ist, sah man noch tagelang.»

«Sind sie denn nicht zurückgekommen?»

«Oh, ja . . . sie schon. Aber Bessie nicht. Sie sind auch bestraft worden. In der Nacht nach der Beerdigung ist das violette Automobil über die Klippen gerollt, mit allen, die drinsaßen, zerschellt. Wer sie hierhergefahren hat am ersten Abend, das war die Witwe des Mannes.»

«Ich wundere mich, daß sie danach noch in einem Wagen fahren kann.» Ich hatte das Bedürfnis, etwas Erwartbares zu sagen.

«Ach, sie tut, woran sie gewöhnt ist», sagte Mrs. Eldridge. «Wir hören ja auch nicht auf herumzugehen, weil unsere Tochter auf der Straße umgekommen ist. Automobilfahren ist so natürlich für sie wie Gehen für uns. Aber da ruft mein Mann, der arme, gute Mann. Er will, daß ich mit ihm hinausgehe.»

Hastig ging sie aus dem Zimmer, und in ihrer Eile glitt sie auf der Treppe aus und verstauchte sich den Knöchel. Es geschah ganz schnell, und es war eine böse Verstauchung.

Als ich ihr den Knöchel bandagiert hatte und sie auf dem Sofa lag, schaute sie zu ihm hin, der unentschlossen dastand und aus dem Fenster starrte, seine Mütze in der Hand. Und sie sah mich an.

«Mr. Eldridge braucht seinen Spaziergang», sagte sie. «Gehen Sie doch mit ihm, Sie Gute. Es tut Ihnen gut, ein bißchen an die Luft zu kommen.»

Und das tat ich, wobei ich wohl wußte, daß er mich nicht dabeihaben wollte, daß er sich fürchtete, allein loszugehen, und daß er trotzdem gehen mußte.

Schweigend gingen wir den Weg hinauf. An jener Biegung blieb er plötzlich stehen, faßte mich am Arm und zog mich zurück. Seine Augen folgten einem Gegenstand, den ich nicht sehen konnte. Dann atmete er tief aus und sagte: «Ich dachte, ich hätte ein Fahrzeug kommen gehört.» Es war ihm schwergefallen, sich zu beherrschen, und ich sah Schweißperlen auf seinen Schläfen. Wir kehrten um.

Mrs. Eldridge mußte auch am nächsten Tag noch ruhen, und wieder ging ich mit ihm bis zu der Wegbiegung.

Diesmal konnte oder wollte er nicht verbergen, was er fühlte. «Da – horchen Sie!» sagte er. «Sie hören das doch?»

Ich hörte nichts.

«Zurück!» schrie er plötzlich gellend, und wir schmiegten uns an die Hecke.

«Eines Tages bringt es mich um», sagte er, «und wenn sie nicht wäre, könnte es meinetwegen auch bald geschehen.»

«Erzählen Sie mir», sagte ich mit dem anmaßenden Gefühl von Zuständigkeit, zu dem man angesichts des Leidens anderer neigt. Er sah mich an.

«Ja. Ihr kann ich es nicht erzählen, und ich habe mir schon gewünscht, katholisch zu sein, nur damit ich mich einem Priester anvertrauen könnte. Haben Sie je von einem violetten Automobil gehört, das über die Klippen gerollt ist?»

«Ja», sagte ich, «davon habe ich gehört.»

«Der Mann, der meine Tochter umgebracht hat, war neu in der Gegend. Und er hatte weder Augen noch Ohren – sonst hätte er mich erkannt, wo wir uns doch vor der Untersuchungskommission gegenübergestanden hatten. Man sollte meinen, er wäre an dem Tag bei zugezogenen Vorhängen zu Hause geblieben. Aber der nicht. Er raste vielmehr in seinem verfluchten violetten Wagen kreuz und quer durchs Land, während wir sie eben beerdigten. Und in der Dämmerung zog Nebel auf, und er fuhr genau hier auf diesem Weg von hinten auf mich zu, und als ich zur Seite ging, rief er, seine verdammten Scheinwerfer voll auf mein Gesicht gerichtet: ‹Können Sie mir sagen, wie ich nach Hexham komme?› Ich hätte ihm gern gezeigt, wie er in die Hölle kommt, aber das war der Weg, der mir vorbestimmt war, nicht ihm. Ich weiß nicht, was mich dazu brachte, aber schon hatte ich gesagt: ‹Geradeaus. Immer geradeaus.› Ich lief ihm noch hinterher, um ihn anzuhalten, aber was nützt das schon, diesen Teufelsmaschinen nachzulaufen? Er fuhr geradeaus weiter. Und seit damals kommt der Wagen jeden Tag vorbei, der violette Wagen, den keiner sehen kann außer mir – und fährt geradeaus weiter.»

«Sie sollten hier fortgehen», sagte ich, wie ich es nicht besser gelernt hatte. «Es war sicher nur Einbildung und der Schock über den Tod Ihrer armen Tochter. Ich glaube nicht, daß Sie dem Fahrer wirklich gesagt haben, er solle geradeaus fahren. Sie sollten so schnell wie möglich hier fort.»

«Ich kann nicht», sagte er in vollem Ernst. «Wenn ich fortginge, sähe jemand anders den Wagen – wissen Sie, solange ich lebe, muß ihn nämlich täglich jemand sehen, und ich bin der einzige, der es *verdient* hat. Ich möchte nicht, daß jemand anders den Anblick ertragen muß, es ist zu furchtbar. Viel furchtbarer, als Sie glauben», fügte er langsam hinzu.

Was denn an dem violetten Automobil so furchtbar sei, fragte ich ihn. Ich erwartete wohl, er werde sagen, es sei mit dem Blut seiner Tochter bespritzt. Aber er schüttelte sich nur.

Ich war damals jung, und die Jugend glaubt immer, sie könne Berge versetzen. So redete ich mir ein, ich könnte ihn von seiner Wahnvorstellung heilen, indem ich sie vom Rand her angriff; das Zentrum ist ja zunächst immer undurchdringlich. Ich wollte ihn überreden, nicht um jene Nachmittagsstunde zu der Wegbiegung zu gehen.

«Aber dann wird jemand anders dasein, und glauben Sie mir, er wird das Automobil sehen.»

«Dann bin ich eben dieser andere», sagte ich. «Sie bleiben zu Hause bei Ihrer Frau, und ich gehe hin. Wenn ich es sehe, berichte ich Ihnen, das verspreche ich. Und wenn nicht – nun, dann kann ich mit reinem Gewissen abreisen.»

«Mit reinem Gewissen . . .» wiederholte er.

Ich mußte ihm lange zureden, bis er einverstanden war, aber schließlich ging ich allein los.

Nicht, daß es mir leichtgefallen wäre; ich fühlte mich wie ein Feigling und wie eine Heldin zugleich. Diese Sache mit einem imaginären Automobil, das nur ein armer alter Farmer sehen kann, kommt Ihnen heute vielleicht ganz alltäglich und normal vor, aber so war es für mich nicht. Die Idee und die Angst, die mit diesen beiden Menschen Bett und Tisch teilte, hatte mich nun schon über Wochen und Monate beschäftigt, und der alte Mann war entsetzlich überzeugend. Wenn man mit ihm sprach, fiel es einem schwer zu glauben, daß er verrückt war und es kein geheimnisvolles Automobil geben konnte, das für alle anderen unsichtbar blieb. «Unsinn» zu sagen war leicht, aber «Unsinn» zu denken schon schwerer und «Unsinn» zu fühlen merkwürdigerweise ziemlich schwierig.

Während ich in der Dämmerung den Weg auf und ab ging, erlaubte ich mir nicht, an Blut zu denken. Ich würde mich nicht von Gedankenübertragung oder sonstigen übersinnlichen Torheiten zum Narren halten lassen, mich nicht durch Hypnose zu Sinneswahrnehmungen zwingen lassen.

Ich hatte ihm versprochen, fünf Minuten an der Kurve stehenzubleiben, und da stand ich nun, während es dunkler wurde, und blickte zum Meer hin. Bleiche Sterne standen am Himmel; es herrschte tiefe Stille. Fünf Minuten sind eine sehr lange Zeit. Ich hielt meine Uhr in der Hand: vier – vier Minuten und fünfzehn Sekunden – dreißig Sekunden – fünf. Sogleich drehte ich mich um. Und da sah ich, daß er mir gefolgt war. Er stand zehn Meter von mir entfernt, mit abgewandtem Gesicht. Es war einem Automobil zugewandt, das den Weg hinaufgerast kam, und noch bevor es auf seiner Höhe anlangte, wußte ich, daß es furchtbar war. Ich preßte meinen Rücken gegen die knackende, kahle Hecke, wie um einen echten Wagen vorbeifahren zu lassen, obwohl ich wußte, daß dieser nicht real war. Er sah real aus, aber ich wußte, daß er es nicht war.

Als er sich Mr. Eldridge näherte, wich der zurück, dann schrie er plötzlich: «Nein, nein, nein – nicht mehr, nicht mehr», warf sich vor dem Automobil auf den Boden, und die mächtigen Räder rollten über ihn hinweg. Dann schoß das entsetzliche Fahrzeug an mir vorbei. Es war violett. Ich sah kein Blut.

Ich lief zu Mr. Eldridge und hob seinen Kopf an. Er

war tot. Ich fühlte mich nun ganz ruhig und gefaßt und fand, das sei mir hoch anzurechnen. In der Kate, zu der ich ging, saß ein Landarbeiter beim Tee. Er holte ein paar Männer und eine Bahre.

Als ich es Mr. Eldridges Frau mitteilte, war das erste Verständliche, was sie sagte: «Es ist besser für ihn. Was er auch getan hat, nun hat er dafür bezahlt –» Also scheint sie mehr gewußt oder geahnt zu haben, als er glaubte.

Ich blieb bei ihr bis zu ihrem Tod. Sie hat nicht mehr lange gelebt.

Vielleicht denken Sie, der alte Mann sei von einem echten Automobil umgefahren worden, das zufällig gerade dort vorbeifuhr, genau zu dieser Stunde, und das ausgerechnet violett war. Nun, ein echtes Automobil hinterläßt Spuren, wenn es einen tötet, nicht wahr? Doch als ich den Kopf des alten Mannes anhob, hatte er keine blutenden Wunden, keine gebrochenen Knochen; weder sein Haar noch seine Kleidung waren unordentlich. Es waren nicht einmal Flecken von Erde an ihm außer dort, wo er im Fallen mit der Straße in Berührung gekommen war. Im Lehm fanden sich keine Radspuren.

Er starb an Herzversagen, sagte der Arzt. Ich bin der einzige Mensch, der weiß, daß er von einem violetten Automobil getötet wurde, das danach geräuschlos davonfuhr in Richtung Meer. Und daß der Wagen leer war. Es saß niemand darin.

Eleanor Scott

«Kehrst du nie mehr zurück?»

Die Freunde von Annis Breck (die nicht zahlreich waren und allesamt Frauen) sprachen im allgemeinen mit Respekt von ihrem gesunden Menschenverstand, ihrer zupackenden Art und ihren Fähigkeiten. Ihre Feinde (eine größere, doch ebenfalls nicht zahlreiche Gruppe) sagten, sie sei hart, gewinnsüchtig und phantasielos. Alle übrigen sagten, bei Miss Breck wisse man nie, woran man sei, sie sei so – und dabei beließen sie es. Daß sie auf die Idee kam, eine Pension für berufstätige Mädchen in Burley zu eröffnen, sah ihr ähnlich; darin waren sich alle einig, wenn auch aus verschiedenen Gründen. Sie hatte, auf diese oder jene Weise, so viel für Mädchen getan. Frauen und ihre Rechte (oder häufiger: Unrechte) waren schon immer ihre starke Seite gewesen; und natürlich, fügten die Feinde hinzu, hatte sie immer ein scharfes Auge für eine Chance. Wenn Annis Breck etwas in Angriff nahm, konnte man ziemlich sicher sein, daß Geld damit zu verdienen war. Sie würde aus dieser Pension ein sehr einträgliches Unternehmen machen, darauf könne man wetten. Doch als sie hörten, daß Annis Breck Queen's Garth gekauft hatte, waren sie sich nicht mehr so sicher. Sie sagten: «Diese Geschäftsfrauen . . .» und beließen es wieder einmal dabei.

Denn, gaben sie zu bedenken, Queen's Garth hatte jahrelang leer gestanden. Es hatte seinen Besitzern kein Glück gebracht. Die letzte Nachfahrin der ursprünglichen Eigentümerfamilie, die seit der Errichtung des Hauses im 17. Jahrhundert darin gewohnt hatte, war die alte Miss Campbell. Offenbar hatte sich der Clan auf starrsinnige Frauen spezialisiert, die sich zwar gelegentlich dazu herabließen zu heiraten, jedoch immer mit eiserner Rute regiert hatten, aus tiefsitzendem Mißtrauen Männern gegenüber und aus Entschlossenheit, sie nachdrücklich klein zu halten. Wieso sie je geheiratet hatten, war allen ein Rätsel; ganz gewiß ausschließlich aus praktischen, niemals aus romantischen Gründen. Die Familie war nun zwar ausgestorben, aber (sagten die Feinde boshaft) die Tradition der starken Frau mit der eisernen Rute sollte offenbar fortleben. Die Mädchen täten ihnen leid, sagten sie.

Dann kamen die Freundinnen. Annis sei wunderbar, das wüßten sie, aber ob sie auch genau *überlegt* habe? Ob ihr auch klar sei, was das alles *bedeute*? Das Haus habe so lange leer gestanden. Die Möbel, das wüßten sie, seien herrlich gewesen, im Sheraton- und Chippendale-Stil, und wahre Schmuckstücke darunter; aber sie müßten inzwischen doch wirklich am Zerfallen sein. Das Haus sei natürlich zauberhaft und spottbillig und die Räume so schön groß, aber meine *Güte*! Welche *Arbeit*, bei all den Treppen und gewundenen Gängen und so gut wie keinem Komfort. Übrigens gebe es da noch eine Geschichte – oh, natürlich *glaube* keiner daran, aber man wisse ja, wie Dienstmädchen sind, machen aus jedem Echo und wehenden Vorhang einen Geist. Und das Wasser sei doch immer *solch* ein Problem in diesen pittoresken alten Häusern . . . Nun, Annis wisse es wahrscheinlich am besten. Ein so praktisches Geschöpf, die gute Annis!

Annis selbst zweifelte nicht im mindesten an ihrem Vorhaben. Das tat sie nie, weswegen gewiß auch so viele davon erfolgreich waren. Sie nahm Queen's Garth in Besitz, sobald sie einen Blick darauf geworfen hatte, mitsamt Treppen und Geist und Wasser und allem. Nicht, daß sie diese Nachteile unterschätzt hätte, sie nahm sie einfach in Kauf, weil sie sofort wußte, daß sie zu dem alten roten Haus gehörte. Fast unbewußt spürte sie das; und schloß den Handel auf der Stelle ab.

Sie beabsichtigte, die Pension am Neujahrstag zu eröffnen. Natürlich mußten Umbauten erfolgen, und natürlich würden sie nicht rechtzeitig abgeschlossen sein, wenn sie nicht persönlich dahinterher war. Man konnte sich nie darauf verlassen, daß Männer ein gegebenes Wort hielten. Also zog sie im Dezember in Queen's Garth ein, um die Männer zu beaufsichtigen, Vorhänge zu nähen und so fort. Organisation, sagte sie, sei der Schlüssel zum Erfolg. Bei guter Organisation lasse sich alles machen.

Sie sagte dies zu Lucy Ferrars, einer alten Freundin aus Suffragetten-Tagen, die ihr einen Besuch abgestattet hatte, um sie aufzufordern, bei einer Veranstaltung zu sprechen. Lucy veranstaltete ständig Veranstaltungen und forderte Annis auf, dabei Ansprachen zu halten, und Annis geriet früher oder später stets in Zorn über Lucys absoluten Mangel an Organisationsvermögen. Also ließ sie ihren Merksatz über die Notwendigkeit von Organisation in bezug auf die Pension fallen, hoffte jedoch, Lucy nehme ihn sich zu Herzen. Was sie anscheinend nicht tat – weil sie nicht wollte, wie Annis glaubte.

«Wie erstaunlich du doch bist», sagte sie nur mit dieser meckernden Stimme, die Annis so auf die Nerven ging. «Und was für *reizende* Möbel, Annis. So malerisch.»

Miss Breck erbebte.

«Die hast du wohl alle herbringen lassen», bemerkte Lucy zäh.

Annis ließ jede Hoffnung fahren, sie zu Organisation zu erziehen, und ergab sich in ein Gespräch über Möbel.

«Aber nein», erwiderte sie gelangweilt, doch duldsam. «Das Haus ist praktisch voll möbliert, nur mit Sachen aus dem 18. Jahrhundert.»

«Meine *Güte*! Das muß dich ein *Vermögen* gekostet haben!» blubberte Lucy.

«Kein bißchen. Keiner wollte es haben. Verstehst du, die Möbel gehören zum Haus. Es gibt da irgendeine einschlägige Klausel im Testament der alten Dame – offenbar war das ein Familiengrundsatz. Es wird dadurch sehr – persönlich», bemerkte sie noch, mehr für sich als für Lucy, und fuhr mit der Hand sanft über die Lehne eines eleganten Chippendale-Stuhls. «Es ist ausgesprochen günstig für mich», fuhr sie mit einem trockenen Lächeln fort, «daß die Leute so blödsinnig abergläubisch sind. Sonst hätte ich das Haus nie bekommen . . .»

Sie unterbrach sich und wandte ruckartig den Kopf zur Seite.

«Was ist?» hauchte Lucy und vergaß, den Mund zu schließen. Ihre vorstehenden Augen glotzten Annis an.

«Nichts», sagte sie und entspannte sich. «Ich dachte, ich hätte jemanden gesehen – sicher eine Spiegelung auf meinen Brillengläsern. Für einen Moment dachte ich, einer der Männer wäre zurückgekommen . . . Du bleibst doch zum Tee, Lucy? Es herrscht natürlich

Junggesellinnenwirtschaft, aber ich mache es mir sehr gemütlich.»

«Bist du etwa *allein*?» fragte Lucy mit immer noch runden Augen.

«Oh, ja. Unsinnig, für eine Person Hausmädchen einzustellen – besonders wo es schwierig werden wird, sie hier zu halten! Aber ich kann kochen, weißt du. Du bleibst doch, oder?»

«Oh, nein, ganz herzlichen Dank», sagte Lucy hastig. «Ich – es wird spät – es wird jetzt so früh dunkel. Ich habe soviel zu tun – diese Veranstaltung – ich denke wirklich, ich muß gehen, allerbesten Dank . . .»

Sie plapperte weiter, bis sie an der Tür war, und brachte Annis sehr auf, indem sie auf der Schwelle stehenblieb und Annis bedrängte, doch bei ihr zu nächtigen, bis das Haus fertig sei und sie «Mädchen und Dienstboten und Leute» zur Gesellschaft habe. Sie gab keine Begründung für diesen Vorschlag – Lucy weiß nicht einmal, was das Wort «Begründung» bedeutet, dachte Annis amüsiert –, aber sie war sehr hartnäckig und sprunghaft. Annis wurde sie nur mit Mühe los.

Als sie ins Haus zurückging, war es fast dunkel. Sie hatte es sich zur Regel gemacht, jeden Abend durch sämtliche Räume zu gehen, um zu überprüfen, daß keine Fenster offenstanden und keine Zigarettenkippen vor sich hin glühten («Wir wissen ja, wie Männer sind!») – und wegen Lucys Gefasel würde sie dies nun im unzulänglichen Licht einer Taschenlampe tun müssen. Während sie über vergessene, überflüssige Stufen stolperte und sich die gewundenen Gänge entlangtastete, ging ihr durch den Kopf, daß das Haus doch unpraktischer war, als sie angenommen hatte. Merkwürdig, daß es ihr trotz all seiner Ecken und Winkel irgendwie vertraut vorkam. Man würde sich an diese Unregelmäßigkeiten bald gewöhnen, und den Mädchen würde es nichts ausmachen. Mädchen macht nie etwas sehr viel aus, dachte sie bitter. Mädchen sind das, was Männer aus ihnen gemacht haben – flatterhafte, launische, herzlose Geschöpfe. Sie haben entdeckt, daß Treue und Loyalität und tiefe Gefühle sich nicht auszahlen – dank Männern.

«*Männer*!» murmelte sie laut vor sich hin und knallte eine Tür zu. «*Männer*! Alle gleich! Benutzen Frauen nur und werfen sie weg – vergessen, daß sie existieren. Kein Wunder, daß Mädchen . . .»

Sie hielt inne. Ein kaum vernehmbarer Laut, wie das schwache Echo eines Schluchzens, drang an ihr Ohr.

Angestrengt lauschend stand sie da. Nein – kein Ton. Oder – doch, da war es wieder – ersticktes, jammervolles, hoffnungsloses Weinen.

Für einen Augenblick konzentrierte sie alle ihre Sinne darauf. Dann überkam sie Erleichterung. Ein Kind, dachte sie. Irgendein Kind, das einem der Männer Essen gebracht hat und versehentlich hiergeblieben ist . . . Es war doch gerade noch irgendwo hier.

Energisch ging sie den Flur entlang, gab aufmunternde Laute von sich, öffnete jede Tür, durchsuchte jedes Zimmer, leuchtete mit der Taschenlampe in jede Ecke. Das Haus war leer und still.

Sehr seltsam, dachte Annis ärgerlich. Der Wind muß mir einen Streich gespielt haben.

So beendete sie ihre Runde und kehrte in ihr behagliches kleines Wohnzimmer mit den georgianischen Möbeln und viktorianischen Scherenschnitten zurück, um Kataloge und Geschäftsberichte zu studieren. Sie verbrachte einen friedlichen, arbeitsreichen Abend und schlief daraufhin besonders gut.

Der Morgen war mild und sonnig, und Annis nützte die Gelegenheit, sich den Garten, den sie bislang noch nicht erkundet hatte, im Hinblick darauf anzusehen, wie er «für ihre Mädchen» am nützlichsten anzulegen wäre. Die Rasenflächen sollten geschnitten, gewalzt und in Tennis- und Badmintonplätze verwandelt werden; der kiesbestreute Hof vor den ehemaligen Ställen würde sich ausgezeichnet für Netzball eignen; die Ställe selbst ließen sich für Wandball nutzen. Alle übrigen Flächen sollten als richtiger Garten der Erholung dienen. Sie würde die alten Blumenbeete mit ihren duftenden Hecken von Rosmarin und Lavendel und Männertreu erhalten. Rosmarin stand für Erinnerung. Aber Männertreu hatte doch etwas Melancholisches; vielleicht sollte man da etwas anderes pflanzen . . .

Doch der alte Rosengarten mit seinen symmetrischen Rabatten und Steinbänken und der Sonnenuhr mußte unbedingt erhalten bleiben. Die Sonnenuhr gefiel ihr. Sicherlich stand ein Motto darauf – «Zeit flieht, Hoffnung stirbt» – warum kam ihr gerade dieser Spruch in den Sinn? Sie konnte sich nicht erinnern, ihn irgendwo gelesen zu haben.

Sie trat zu der Sonnenuhr hin. Tatsächlich, sie hatte recht. Die Wörter waren verwittert und von Moos überwachsen, aber da standen sie. Sie beugte sich über die Steinplatte und fuhr mit dem Finger darüber.

Zeit flieht, Hoffnung . . .

Annis erstarrte plötzlich. Ihre Hand ruhte noch auf der Steinplatte, ihr Blick fixierte das Motto; aber sie selbst hätte aus Stein gehauen sein können. Denn so gewiß wie nur irgend etwas spürte sie, daß jemand hinter ihr stand und über ihre Schulter hinweg den Spruch las – jemand, der sie verhöhnte, haßte, verachtete ... ihre Kehle pulsierte, sie konnte nicht atmen ...

Und dann wichen diese Symptome ebenso plötzlich von ihr. Sie stand allein in der Wintersonne, und in den kahlen Rosenbüschen sang hell und lieblich ein Rotkehlchen. Sie atmete tief durch, blickte sich langsam um und ging nachdenklich ins Haus zurück.

Es dauerte eine Weile, bis sie den Eindruck jener wenigen Sekunden abgeschüttelt hatte, doch dann war sie sehr beschämt und infolgedessen sehr ärgerlich.

«Dummkopf!» beschimpfte sie sich. «Du übertreibst es, wie all die anderen Närrinnen ... heute abend gehe ich früh zu Bett.»

Es war Samstag, und die Arbeiter gingen früh, so daß Annis ihre Runde im trüben Licht eines Winternachmittags machen konnte. Umsichtig überprüfte sie jeden Raum und schloß ihn dann ab. Sie wollte sich nicht wieder wie am Abend zuvor um ein imaginäres Kind Gedanken machen müssen. Diesmal würde sie sich vergewissern, daß jeder Raum leer war, bevor sie ihn abschloß – die großen Schlafzimmer mit den alten Himmelbetten, der schmale Raum mit dem Spinett darin, der verblichene alte Salon, der immer noch schwach nach getrockneten Blüten duftete – sie nahm sie alle in Augenschein und schloß sie ab.

Wie viele Räume es doch gab, und jeder trug die Spuren von Tätigkeit. In diesem hier stand tatsächlich noch ein altmodischer Arbeitstisch, in dem noch eine Näharbeit lag, und die Nadel steckte rostig im Stoff! Wie hatten die Leute je die Geduld für diese endlosen, komplizierten

Patchwork-Arbeiten aufgebracht, fragte sie sich, als sie das Stück in die Höhe hielt. Aber wie hübsch doch manches davon war. Diese winzigen, bunten Sträuße auf blauer Seide – bezaubernd. Liebevoll strich sie über die Seide. Da erstarrten ihre Finger, und sie blieb angestrengt lauschend stehen.

Das Spinett. Untrüglich hörte sie die holprigen, geklimperten Töne ungeübter Finger – Tonleitern, von falschen Noten unterbrochen oder unvermittelt abbrechend. In den Pausen schluchzte jemand kurz auf... Reglos stand Annis in der zunehmenden Dämmerung, mit kalten Fingern die uralte Handarbeit umklammernd, und horchte auf die leisen Töne des Spinetts im verschlossenen Nebenzimmer...

Ein schrilles Geräusch erklang, als habe die Spielerin ihre müden Hände auf viele Tasten gleichzeitig fallen lassen; und dann ertönte sehr langsam und unsicher eine Melodie, mit einer stockenden Hand gespielt – das alte, klagende, unvergeßliche Lied «Kommst du nie mehr zurück?».

Auch dieses riß unvollendet ab, und wieder hörte sie hoffnungsloses, unterdrücktes Weinen...

Oder war es Regen? Tropfen pochten leise gegen die Scheiben. Kein anderer Laut war zu vernehmen außer ihrem eigenen Herzschlag...

Annis schleuderte die alte Handarbeit in die Schublade zurück. Stolpernd lief sie zur Tür, schloß sie hinter sich ab, flüchtete in ihr kleines Privatgemach und schob den Riegel vor. Unregelmäßig und schwer atmend blieb sie, an die Tür gelehnt, stehen, die Hand noch auf dem Griff.

Was war das – diese bleiche Gestalt da ihr gegenüber,

mit den starren dunklen Augen in einem weißen Gesicht . . . Nur sie selbst, im Wandspiegel reflektiert. Einen Moment lang hatte es anders ausgesehen . . . Aber es war nur sie selbst, Annis Breck, mit angsterfüllten Augen in einem blutleeren Gesicht . . .

Sie ging zum Kamin hinüber und setzte sich. Sie zitterte stark. Verwundert blickte sie auf ihre eigenen bebenden Hände hinab. Der Regen schlug leise gegen die Fenster, melancholisch und beharrlich. Der graue, regengepeitschte Garten seufzte im Abendwind.

Annis schwankte ein wenig, als sie aufstand, um die Fensterläden zu schließen. Der Garten wirkte so traurig im Regen. Die Sonnenuhr leuchtete im Halbdunkel. War das –? Nein, nur ein Dunstschwaden über der Sonnenuhr, schon hat er sich wieder verflüchtigt. Aber wie trostlos, wie melancholisch! Hastig schloß sie die alten weißen Läden und suchte zu einer unerhört frühen Stunde im Bett Trost und Sicherheit.

Erschrocken fuhr Annis auf. Was hatte sie geweckt? Sie hatte etwas gehört. Eine Stimme? Ein Name, der in ihren Ohren widerhallte? Oder war es das Spinett – «Kehrst du nie mehr zurück?» – «Zeit flieht, Hoffnung stirbt». Ja – und ein Mädchen – ein Mädchen in einem Kleid aus blauer Seide, zart mit winzigen Blumensträußen gemustert – ein Mädchen am Spinett – ein Mädchen an der Sonnenuhr, das traurige alte Motto nachzeichnend, und Tränen, die langsam auf die Steinplatte fallen – ein Mädchen namens Annis . . .

Das Mädchen hatte ihr eigenes Gesicht. Nun verstand sie. Und sein Name – ach, wie hatte sie ihn je vergessen können? –, sein Name war Richard gewesen . . .

E. M. Delafield

Sophy Mason kommt zurück

«Haben Sie je wirklich einen Geist gesehen?»

Dies war ausnahmsweise einmal keine leichtfertige Frage. Mit Fenwick sprach man über jenes besondere Thema nur ernsthaft. Er beschäftigte sich eifrig mit der Erforschung des Übersinnlichen, aber es stand fest, daß er eine ganz eigene Richtung vertrat und irgendwelche willkürlichen Deutungen weder akzeptierte noch verbreitete.

Er antwortete vorsichtig. «Ohne Zweifel habe ich einmal das gesehen, was die Franzosen *revenant* nennen.»

«War das gruselig?» fragte schüchtern eine der Frauen.

Fenwick schüttelte den Kopf. «Mir jagte es keine Angst ein, jedenfalls nicht das Gespenst oder der Geist, wie immer Sie es nennen wollen. Auch sogenannte Spukzimmer, in denen rätselhafte Geräusche zu hören sind und Türen sich unerklärlicherweise öffnen, haben mir nie angst gemacht. Aber in dem Haus, in dem ich den *revenant* sah, da habe ich mich einmal gefürchtet.»

«Sie wollen also sagen, nicht der Geist war das Furchtbare?»

«Ja», sagte Fenwick, und auf seinem klugen, ernsten Gesicht spiegelten sich vergangene Schrecken. Wir baten ihn, uns davon zu erzählen.

«Ich will es versuchen, aber vielleicht muß ich die Geschichte rückwärts erzählen. Denn als ich in die Sache hineingeriet, da war bereits alles vorbei, schon sehr lange vorbei – vergessene Ereignisse aus der Zeit, als es Pferdekutschen und Öllampen gab und Frauen Häubchen und lange, hinten gebauschte Röcke trugen . . . In einer französischen Provinzstadt war damals natürlich alles so sehr hinter der Zeit zurück wie heute. Ich brauche Ihnen den Namen jener Stadt nicht zu nennen – irgendwo im *midi*, wo auch die Menschen sehr südländisch sind.

Da gab es also dieses Haus, nennen wir es Les Moineaux – eines dieser hohen, schmalen französischen Häuser, weiß mit blauen Fensterläden, mit einer geraden Allee, die bis zur Schwelle führte, und mit symmetrisch angeordneten Rosenbüschen links und rechts von der blauen Haustür.

Verstehen Sie mich recht, es war eher ein kleines Haus, kein *château*. Einst hatte es einem kleinen Orden von Mönchen gehört, die auch die Allee und den Garten angelegt hatten, glaube ich. Als sich die wenigen verbliebenen Mönche einem anderen Orden anschlossen, stand es eine Weile leer. Schließlich kaufte es ein Weinhändler als Geschenk für seine Frau, die es mit ihren Kindern im Sommer als Landhaus nutzte. Jene Familie wohnte in einem Städtchen, etwa zwanzig Kilometer entfernt. Sie konnten mit der eigenen Kutsche hinausfahren oder aber die Postkutsche nehmen, die einen knappen Kilometer vom Haus entfernt im Dorf hielt. Den größten Teil des Jahres über stand das Haus leer, und niemand scheint einen Verwalter für notwendig gehalten zu haben – entweder waren die Bauern der Umgebung sehr ehrlich, oder es gab nichts zu stehlen im Haus.

Die Familie bestand aus Monsieur und Madame, drei oder vier Kindern und einer jungen Engländerin, die alle ‹Mies› nannten; sie sollte auf die Kinder aufpassen und sich auch sonst nützlich machen. Sie hieß Sophy Mason, war etwa zwanzig, als sie zu der Familie kam, und soll sehr hübsch gewesen sein.

Man kann sich vorstellen, daß sie kräftig zu tun hatte. Madame sah sicher darauf, daß sie etwas tat für ihren Unterhalt und das schmale Salär, und wie es in französischen Familien der Mittelschicht üblich ist, wird es nicht ‹deine Arbeit› und ‹meine Arbeit› gegeben haben, sondern jeder war bereit zu tun, was notwendig war. Sophy Mason wurde jedoch im Frühling und Frühsommer recht oft mit den Kindern für ein paar Tage in die Landluft von Les Moineaux hinausgeschickt, während Madame und Monsieur sich um das Geschäft kümmerten. Es müssen übrigens fortschrittliche Leute gewesen sein, denn sie erlaubten der ‹Mies› offenbar, daß sie die Kinder im Freien spielen ließ, was zu jener Zeit und in dieser Schicht in Frankreich nicht üblich war.

So sahen die Bauern, wenn sie auf den Feldern arbeiteten, die junge Engländerin mit den Kindern durch die Allee laufen oder zum Erdbeerpflücken in den Wald gehen. Sophy Mason sprach recht gut französisch, aber mit den Kindern hatte sie englisch zu sprechen, und wenn Madame und Monsieur nicht auf Les Moineaux waren, gab es im Grunde niemanden, mit dem sie reden konnte außer den Leuten auf dem Hof, der Milch, Butter und Eier lieferte.

Bis Alcide Lamotte die Szene betrat.

Ich weiß nur zu berichten, daß er der Sohn eines Bauern war – ein großer, rothaariger, ungewöhnlicher

Bursche, der gewiß Verstand besaß und eine höchst anziehende Persönlichkeit. Als er und Sophy Mason einander begegneten, leistete er gerade seine dreijährige Militärzeit ab und war auf Urlaub zu Hause.

Man kann es sich vorstellen – da war dieses englische Mädchen in der abgelegenen Villa, fast gänzlich sich selbst überlassen, in der warmen Jahreszeit, in einer Weingegend. Was geschah, war natürlich unabwendbar. Niemand weiß, wie oder wann sie ihre erste Begegnung hatten, aber Leidenschaften entwickeln sich rasch in jener Gegend. Als Monsieur und Madame zu ihrem sommerlichen Leben auf dem Lande eintrafen, wußten die Bauern genau, daß *le roux*, wie sie ihn nannten, und Sophy Mason ein Liebespaar waren. Wahrscheinlich fand aber Madame selbst heraus, was vorging. Sie hat vielleicht spioniert und das Mädchen nach einem Rendezvous im mondhellen Wald ins Haus zurückschleichen sehen. Es gab eine Szene, die Madame mit dem französischen Sinn für Dramatik genüßlich gestaltet haben wird, während die arme Sophy Mason ganz außer sich war vor Beschämung und Angst, entehrt zu ihrer Tante nach Bloomsbury zurückverfrachtet zu werden, ohne Aussicht, je wieder eine Stellung zu finden.

Schließlich verzieh Madame ihr. Sophy war nützlich, die Kinder hatten sie gern, sie war sehr billig – und im innersten Herzen fand Madame ihren Verstoß gegen die Tugend wahrscheinlich nicht sehr schockierend. Sophy durfte bleiben, nachdem sie versprochen hatte, Alcide nie wiederzusehen, abgesehen von einer letzten Zusammenkunft in Madames Gegenwart. Irgendeine traurige, kaum verhüllte Andeutung des Mädchens muß Madame gezeigt haben, daß Sophy ein Heiratsangebot von Alcide nur allzu willig angenommen hätte. Doch Alcide tat natürlich nichts dergleichen, und Sophy Mason blieb mit ihren Tränen und ihrer Schande allein.

Im Herbst entdeckte sie, daß sie schwanger war. Sie erzählte ihrer Herrin nichts von ihrem Zustand, sondern wandte sich an eine viel weniger hilfsbereite Seite, an ihren Geliebten.

Zunächst brieflich. Sie muß mehrere Male geschrieben haben, aus der einzigen Antwort zu schließen – ein ungebildetes, offenbar eilig hingeworfenes Gekritzel, in dem er sie auffordert, nicht mehr zu schreiben, das mit einer sehr konventionellen Zärtlichkeitsformel endet. Diese bedeutungslosen Schlußworte dürften Sophy dann zu ihrer letzten Torheit ermutigt haben. Offenkundig bildete sie sich ein, Alcide zu lieben, während für ihn die Anziehung natürlich nur eine sinnliche gewesen war, die mit der körperlichen Befriedigung ein Ende hatte. Persönlich zweifle ich nicht daran, daß die übliche Reaktion eingesetzt hatte und daß der bloße Gedanke an sie ihm so widerstand, wie er ihn einst erregt hatte. Sophy jedoch konnte oder wollte nicht glauben, daß alles vorbei war und sie der Katastrophe allein ins Gesicht sehen mußte. Unter dem Vorwand, englische Freunde treffen zu wollen, erbat sie sich von Madame Urlaub und fuhr eines Tages im späten Oktober nach Les Moineaux. Sie nahm offenbar an, wenn sie ihn nur sehen, ihn eindringlich anflehen könnte, würde er ‹eine anständige Frau› aus ihr machen.

Das Gespräch zwischen ihnen fand statt. Was dabei vorfiel, läßt sich nur vermuten.

Im Salon von Les Moineaux, in dem nur noch ein Minimum von Möbeln verblieben war, hing an vergoldeten Ketten dieser prachtvolle Kronleuchter aus rosa Kristall, dessen flitterhafte Schönheit und helles Geklingel mir immer jenes unpassende Element beizusteuern schien, welches das Grauen ins Unerträgliche zu steigern pflegt. In wachsender Verzweiflung muß Sophy Mason unter diesem Kandelaber gefleht, gebettelt, geschluchzt und gebebt haben.

Lamotte war ein Südländer, ein grober, brutaler Bursche, mit den starken animalischen Instinkten seiner Jahre oder seiner Rasse. Ob das, was folgte, ein vorbedachtes Verbrechen war oder impulsiv geschah, aus gewalttätigem Zorn und aus Erbitterung, wird man nie erfahren. Mit anscheinend keiner anderen Waffe als seinen eigenen starken Händen ermordete Alcide Lamotte Sophy Mason.

Als das Mädchen nicht zurückkam, unterließ es ihre Herrschaft offenbar, ernstliche Nachforschungen anzustellen. Madame gab vor zu glauben, Sophy sei nach England durchgebrannt. Vielleicht fürchteten sie eine skandalöse Entdeckung, wahrscheinlicher aber, mit der Sparsamkeit ihrer Klasse, nur irgendwelche Kosten. Sophys einzige Verwandte, die Tante im fernen England, verhielt sich ebenso ungerührt wie das französische Ehepaar, und mit noch weniger Berechtigung. Sophy Mason war das uneheliche Kind ihrer Schwester, und als sie schließlich von dem Verschwinden des Mädchens Nachricht erhielt, soll sie die Haltung eingenommen haben: ‹Wie die Mutter, so die Tochter.› Wie ihre Mutter zuvor, war Sophy gewiß mit einem Liebhaber auf und davon gegangen.

Wenn Madame sich und andere von der Richtigkeit dieser Theorie überzeugen wollte, wird es ihr ausgezeichnet gepaßt haben, daß Alcide Lamotte sich gegen Ende desselben Monats plötzlich aus dem Staube machte; nach Amerika, ging das Gerücht. Natürlich waren sie zusammen ausgewandert, sagte Madame. Bis Les Moineaux ließ sich Sophys Spur ohne die geringste Schwierigkeit verfolgen; weiter scheint niemand nachgeforscht zu haben. Der einzige Schlüssel blieb Lamottes letzter Brief, den Sophy zurückgelassen hatte und den ihre Dienstherren lasen. Nur als die Familie sich im nächsten Sommer aufs Land begab, stellte man noch eindeutig fest, daß eine Hintertür des Hauses aufgebrochen worden war. Nichts sonst war beschädigt oder fehlte, und man ließ die ganze Affäre in Vergessenheit geraten.»

Fenwick hielt eine Weile inne, bevor er in seiner Geschichte fortfuhr.

«Der Weinhändler stellte für mich das Bindeglied dar. Während des Krieges lernte ich seinen Sohn kennen – nun ein Mann mittleren Alters, einst das jüngste Kind auf der Allee nach Les Moineaux. Noch lange nach dem Waffenstillstand trafen wir uns von Zeit zu Zeit, und als ich im Sommer 1925 in Frankreich war, lud mein Freund Amédé mich ein, ihn im *midi* zu besuchen. Er hatte kurz zuvor ein erheblich jüngeres Mädchen geheiratet und lebte mit ihr nach dem Brauch in der französischen Provinz im Haus seiner Eltern – oder vielmehr seines Vaters, denn die Mutter war vor einigen Jahren verstorben.

Der Weinhändler selbst, ein Mann über Siebzig, wohlversorgt von einer unverheirateten Tochter, war noch im vollen Besitz all seiner Kräfte. Als ich während meines Besuchs bei ihnen eine Bemerkung über die Geläufigkeit machte, mit der die ganze Familie englisch sprach, fiel ein Wort über Sophy Mason, die englische ‹Mies› von vor fünfundvierzig Jahren. Vielleicht wäre der Name nie wieder gefallen; nur ereignete sich dann jene Sache, wegen der ich die Geschichte erzähle; und Amédé enthüllte mir das Folgende absichtlich nicht in Gegenwart seines Vaters.

Kurz vor ihrem Tod hatte seine Mutter ihm das kleine Landhaus in Les Moineaux übereignet. Bei einem seiner gelegentlichen Aufenthalte dort berichteten Bauern Amédé von einer grausigen Entdeckung, die im Wald in der Nähe des Hauses gemacht worden war – eben dort, wo Sophy mit den Kindern einst Walderdbeeren gepflückt hatte. In einer tiefen Grube hatte man, unter dem verrotteten Laub eines Vierteljahrhunderts, aus purem Zufall das Skelett einer Frau gefunden. Kurioserweise zeigten sich die älteren Dorfbewohner mehr erschrocken als erstaunt und zögerten wenig, die handelnden Personen in der Tragödie zu identifizieren. Der Name von Alcide Lamotte allerdings wurde nicht direkt erwähnt. Die Lamottes waren die größten Landbesitzer in der Umgegend, reich und mächtig, und von ‹dem Roten› hatte man nichts mehr gehört, seit er nach Amerika verschwunden war. Mein Freund Amédé begnügte sich damit, die wenigen Informationen, über die er von bloßem Hörensagen verfügte, den Behörden mitzuteilen und für die Bestattung der unidentifizierten Überreste zu sorgen; nach französischem Recht kann niemand mehr wegen eines Verbrechens belangt werden, das erst entdeckt wird, nachdem eine bestimmte Anzahl von Jahren verstrichen ist.

Hier hätte die Geschichte geendet, wäre da nicht jenes zufällige Ereignis gewesen. Kurz nachdem mir Amédé jene seltsame, verborgene Fußnote zu Sophy Masons

Geheimnis mitgeteilt hatte, kehrte nach fast einundvierzig Jahren Abwesenheit Alcide Lamotte in seine Heimat zurück.

Und hier setzen meine Kenntnisse aus erster Hand ein.

Denn ich bin Alcide Lamotte begegnet.

Natürlich war nicht *le roux* zurückgekehrt, der wilde, halbzivilisierte Bursche von einst, sondern ein eingebürgerter Amerikaner, reich und erfolgreich.

Niemand, der ihn hätte erkennen können, war mehr am Leben, und überdies nannte er sich nun Al Mott, in Pittsburg zu Hause.

Er war Alcide Lamotte, doch als er zu dem alten Weinhändler ins Haus kam, wußten das weder Amédé noch sein Vater.

Bei dem Besuch ging es um den Verkauf eines Stücks Land. Als Amédé feststellte, daß der Besucher trotz seines amerikanisierten Aussehens Franzose war und obendrein mit der Gegend bestens vertraut, brachte er ihn mit der Umgebung von Les Moineaux in Verbindung, doch ohne zwei und zwei zusammenzuzählen.

Al Mott aus Pittsburg war ein korpulenter, vollkommen kahler Mann mit einem wuchtigen, harten Gesicht und großen Tränensäcken unter den Augen. Seine Manieren waren nicht geschliffen, eher laut und leutselig. Weder Amédé noch sein Vater faßten sonderliche Zuneigung zu ihm, aber sie waren Geschäftsleute, und als der Handel abgeschlossen war, lud man ihn eines Abends zum Essen ein.

Er kam. Es war ein Abend spät im Oktober, und er verlief von Anfang an nicht sehr erfolgreich. Die jungverheiratete Madame Amédé war als Gastgeberin unerfahren und der Gast kein Mann, der ihr die Befangenheit genommen hätte.

Amédé, noch sehr verliebt in seine Frau, ließ sie keinen Moment aus dem Auge.

Ich für meinen Teil fühlte mich außerordentlich unwohl. Sie alle wissen, daß mir oft eine ungewöhnliche Gabe zugeschrieben wird – ich kann Ihnen nur sagen, ich konnte im Laufe des Abends nicht im geringsten daran zweifeln, daß mir Dinge bekannt waren, welche sich mir nicht über die normalen Sinneswege mitgeteilt hatten. Ich wußte, daß der Mann, der mir gegenübersaß, eng mit Tragik und Gewalt in Verbindung stand; und ich wußte auch, daß er böse war. Zudem wurde mir, je weiter der Abend fortschritt, immer mehr eine Sache bewußt, die ich nur als Welle beschreiben kann oder als Vibration von Unglück, die in der Atmosphäre lag und immer intensiver wurde.

Danach erzählte mir Madame Amédé, daß sie dasselbe empfunden hatte.

Abgesehen von Mott selbst, war der alte Weinhändler die einzige Person, die keine Spannung wahrnahm. Er machte eine beiläufige Bemerkung über Les Moineaux, doch ohne das Haus beim Namen zu nennen; Mott antwortete, und die Konversation ging weiter.

Doch in diesem Moment stellte ich für mich die Verbindung her, ohne irgendwelche bewußten Überlegungen. Ich wußte, daß er Alcide Lamotte war, und ich sah, daß Amédé es ebenfalls wußte – unsere Blicke begegneten sich, und in einer entsetzlichen Sekunde sprang die Erkenntnis vom einen zum anderen über.

Ich weiß noch, daß wir beide von da an völlig verstummten. Alcide freilich redete weiter; er war äußerst gesprächig, und unter dem Einfluß von Wein wurde er laut und angeberisch. Er fing an, dem alten Mann, der ihm allein zuhörte, von seinen anfänglichen Kämpfen in Amerika zu erzählen und von seinen wachsenden Erfolgen.

Er sprach natürlich französisch, die langgezogene Sprache des *midi*, und von Zeit zu Zeit war seltsamerweise eine amerikanische Intonation herauszuhören. Ich erinnere mich noch sehr lebhaft an die erbarmungslose Wirkung seines endlosen Dröhnens in dem kleinen Raum.

Er redete noch immer, als – die Sache geschah.

Nennen Sie es, wie Sie wollen – eine Erscheinung, eine kollektive Halluzination oder das Ergebnis bestimmter psychologischer Faktoren, die womöglich in hundert Jahren allenfalls einmal zusammen auftreten; an jenem Abend taten sie es.

Das unangenehme Gefühl, das ich den ganzen Abend über gehabt hatte, verstärkte sich – und fiel dann plötzlich von mir ab, als wäre irgendein erwartetes Unheil eingetreten, leichter erträglich als die Spannung zuvor. Ich empfand nun nur noch tiefe Traurigkeit und Mitleid.

Ich wußte mit absoluter Gewißheit, daß eine Wolke von äußerstem Unglück uns umhüllte. Da sagte Madame Amédé, die neben mir saß, beinahe unhörbar: ‹*Was ist das?*›

Zweierlei Geräusche erfüllten den Raum – die aufgekratzte, selbstsichere Stimme von Alcide, der nun seine größten Triumphe schilderte, und ein unterdrücktes, verzweifeltes Schluchzen. Das zweite Geräusch kam aus der Zimmerecke, die Lamottes Platz genau gegenüber lag.

Eine Tür befand sich dort, die sich langsam öffnete. Und im Türrahmen sah ich sie – ein junges Mädchen, in der Kleidung der achtziger Jahre, mit einem verängstigten, erbarmungswürdigen Gesicht, schluchzend und die Hände ringend.

Das war mein *revenant* – die wiedergekehrte Sophy Mason. Wie ich anfangs sagte, erschreckte mich nicht die Erscheinung; vielleicht, weil ich die Geschichte des armen, verlassenen Mädchens kannte, vielleicht auch, weil ich mich seit Jahren mit geistigen Manifestationen jeglicher Art beschäftigt habe, wie Sie wissen. Mir erschien es sofort offensichtlich, daß die Gefühlsvibrationen, die ein gepeinigtes Wesen vor langen Jahren ausgesandt hatte, für uns wahrnehmbar geworden waren, weil wir uns innerlich dafür empfänglich erwiesen.

Bei mir war die Empfänglichkeit so stark, daß ich flüchtig sogar die Gestalt der Verstörten zu Gesicht bekam. Amédé und seine Frau, beide infolge ihrer jungen Liebe ungewöhnlich sensibel, hörten dasselbe wie ich. Amédé sah jedoch nur einen vagen Schatten, wie er mir später sagte; seine Frau die Umrisse einer Mädchengestalt . . .

All dies spielte sich in Sekunden ab – zunächst das bitterliche Weinen, dann die Erscheinung und meine Erkenntnis, daß die Amédés vor Entsetzen erstarrten. Der alte Mann, Amédés Vater, hatte sich auf seinem Stuhl abrupt umgewandt, mit einer angestrengten, neugierigen Miene. Später berichtete er uns, daß er nichts gehört und gesehen, nur plötzlich bewußt die Spannung im Raum empfunden habe, und daß er dann über das Gesicht seines Sohnes erschrocken sei. Allerdings sei ihm der Schweiß auf der Stirn ausgebrochen, obwohl es im Zimmer nicht heiß war.»

«Aber was war mit Alcide Lamotte?»

«Alcide Lamotte», sagte der Erzähler langsam, «sprach einfach laut weiter – ohne Pause, ohne Beben in der Stimme. Er merkte nichts, bis Madame Amédé aufstöhnte und ohnmächtig auf ihrem Stuhl nach hinten kippte. Das brachte den Abend natürlich zu einem raschen Ende.

Wie ich Ihnen sagte: Nicht die Wiederkehr des armen Mädchens erschreckte mich, und dennoch verspürte ich an jenem Abend Furcht. Schlimmer, als ich es je erfahren habe, fürchtete ich mich vor diesem Mann, der nach der leidenschaftlichen, bösen Episode seiner Jugend ein vielfältiges Leben geführt hatte, der sogar seine Identität gewechselt und die Vergangenheit so weit hinter sich gelassen hatte, daß ihn nicht einmal ein Echo davon erreichte. Welche Verbindung zwischen ihm und Sophy Mason auch einst bestanden haben mag – und wer kann bestreiten, daß sie in ihr selbst den Tod überlebt hatte –, das Gewicht der Jahre hatte sie zermalmt.

Eben dies machte mir angst – nicht der sanfte, verstörte Geist des Mädchens, sondern die Augen, die nichts sahen, die Ohren, die nichts hörten, die laute, selbstsichere Stimme, welche, während wir, die Sophy Mason nicht gekannt hatten, ihrer noch bebend gewahr waren, weitersprach – von Erfolg und von Geld und vom Leben in Pittsburg.»

Stella Gibbons

Der tosende Turm

Mein Vater senkte den Kopf, um mich zu küssen, aber ich wandte das Gesicht ab, und seine Lippen streiften nur den Saum meines Schleiers. Über seine Schulter hinweg nahm ich den bekümmerten Blick meiner Mutter wahr, und meine eigenen Augen füllten sich mit Tränen.

Mit bebenden Fingern zog ich den Schleier herab, murmelte ein paar Worte, die mir nun entfallen sind, und stieg in das Abteil, dessen Tür mein Vater mir offenhielt. Auf dem Platz in der Ecke lag ein Strauß weißer Rosen, eine Damenzeitschrift und ein Korb mit Erfrischungen für meine Reise.

Mein Herz war aus Stein. Die Rosen, im Garten unseres Hauses in Islington gepflückt, konnten es nicht im mindesten erweichen. Ich schob sie vorsichtig beiseite und ließ mich auf meinem Eckplatz nieder. Ich sagte kein Wort; auch meine Eltern standen schweigend da. Wie ich mir wünschte, sie würden gehen!

«Du wirst uns doch morgen schreiben und berichten, wie deine Reise war und wie es Tante Julia geht, nicht wahr, Kind?» sagte meine Mutter.

«Ja, Mama.» Meine Lippen waren kalt und starr.

«Denk dran, Clara, wir erwarten von dir, daß du die

Luft von Cornwall zu deinem Besten nutzt und mit einer sehr veränderten Einstellung völlig gesund zurückkehrst.» Die Stimme meines Vaters klang warnend.

«Ja, Papa.»

Ich faltete meine Hände in schwarzen Handschuhen auf dem Schoß und starrte aus dem Fenster, um dem Blick meiner Mutter auszuweichen.

Die Leidenschaften, die ein neunzehnjähriges Herz überfallen wie eine herrliche, bedrohliche Armee, wirken verblaßt und recht zahm, wenn man nach fünfzig Jahren auf sie zurückblickt, wie ich es nun tue; doch an jenem Spätsommermorgen, den ich beschreibe, als ich mit meinen Eltern unter dem gewölbten Glasdach des Bahnhofs wartete, da hätte kein Herz hitziger und zugleich kälter sein können als meines. Eine einzige Stimme, die ich nie wieder vernehmen sollte, hallte in meinen Ohren wider, und ein einziges Gesicht, das zu vergessen ich versprochen hatte, erfüllte meine Augen.

Alles übrige war leerer Wahn.

Nun, meine Eltern hatten uns getrennt, mein Herz war gebrochen; und mehr gab es nicht zu sagen. Ich wünschte, der Zug würde abfahren, damit ich allein sein konnte.

Die Reise verlief ereignislos. Meine Tante Julia war nicht wohlhabend genug, um sich eine Kutsche leisten zu können, und als ich am Abend jenes Tages in dem Städtchen N. in Cornwall aus dem Zug stieg, stellte ich fest, daß ich eine Mietkutsche nehmen mußte, um in das Dorf nahe am Meer zu kommen, in dem sie lebte.

Ich fand einen uralten Kasten, gefahren von einem säuerlich wirkenden Alten in einem weiten Umhang; zusammen mit ihm hievte der Träger meinen Reisekoffer auf den Kutschbock, half mir galant in den Wagen, und gleich darauf rollten wir davon.

Wir ließen das Städtchen hinter uns, und am Ende des letzten gepflasterten Weges kamen wir im Zwielicht schließlich an eine kleine, sandige Bucht, in der sich die Wellen der offenen See brachen. Auf der anderen Seite der Bucht lag das Dorf meiner Tante.

Das Pferd ging langsamer, und die Räder knirschten auf dem feinen Sand, als wir die Bucht umfuhren; die sanft anrollenden Wellen und die Lichter in den Fenstern des Dorfes waren Balsam für mich.

Plötzlich sah ich etwas, was mich schon da so erregte und beeindruckte, daß ich mich vorbeugte und am Umhang des Kutschers zupfte.

«Was ist das, die Ruine da links?» fragte ich und deutete mit dem Finger.

Er wandte den Kopf nicht in die Richtung, in die ich deutete, und ich hatte einige Mühe, seine brummige Antwort zu verstehen, die nach einer Weile kam:

«Wird wohl der tosende Turm sein», sagte er und gab seinem mageren Pferd die Peitsche.

Mit lebhafterem Interesse, als ich es seit Monaten für irgend etwas aufgebracht hatte, schaute ich auf die undeutlichen Umrisse des verfallenen runden Turms, der über der Brandung stand und fast ganz von wilden Rosen umrankt war. Nicht mehr als ein Ring aus Steinen, an manchen Stellen höher als an anderen. Ganz allein stand er da, am flachsten Punkt der Klippen, welche die Bucht umgaben.

Ich weiß noch, daß ich aufrecht in der schwankenden Kutsche saß, während wir uns dem Dorf näherten, und den Turm betrachtete, bis ein Felsvorsprung mir die

Sicht nahm. Doch auch dann sah ich ihn noch deutlich vor mir, wie das blendende Nachleuchten eines verloschenen Lichts.

Meine Tante Julia begrüßte mich freundlich, aber zurückhaltend, wie es sich für eine lästige, dickköpfige Nichte geziemte, die so unvorsichtig gewesen war, ihre Zuneigung einem unpassenden Verehrer zu schenken. Sie gab mir zu verstehen, daß ich den Monat bei ihr nicht mit wehmütigen Schwärmereien vergeuden könne – mit «Schmachten», wie sie es nannte. Sie erwartete, daß ich ihr beim Säumen von Bettüchern half, bei der Geflügelzucht und im Garten.

Doch wenn ich morgens mein Bett gemacht, mein Zimmer aufgeräumt und Betty geholfen hatte, die Hühner zu füttern, gehörten die Stunden bis zum Mittagessen mir. Dies war die Zeit, die mir die liebste war – wenn ich in jenen unglücklichen Tagen Zeit überhaupt genießen konnte.

Ich stieg von Fels zu Fels und watete durch Seewassertümpel wie in einem schlimmen Traum; mit stumpfen, unglücklichen Augen sah ich die Treib- und Gewächshäuser des Meeres, den grünen, violetten und roten Dschungel, der in unschuldiger Schönheit unter mir wogte.

Doch der Anblick vertiefte nur mein Leid. War ich nicht allein inmitten von solcher Schönheit, und würde ich es nicht immer bleiben? Und mein Herz wurde härter, meine Zunge neigte weniger zu entzückten Ausrufen, und meine Gedanken drehten sich von Tag zu Tag mehr um mich selbst.

Der tosende Turm, mein erstes Ziel am ersten Tag meines Aufenthalts, wurde zu meinem Lieblingsort.

Seine Rosenbüsche standen in voller Blüte, und zu welcher Tageszeit ich ihn auch aufsuchte, stets war das erste Geräusch, das ich vernahm, wenn ich mich atemlos von dem Aufstieg durch die Klippen ins gilbende Gras warf, das gedämpfte, einschläfernde Summen der wilden Bienen, welche die geöffneten Kelche der Rosen plünderten.

«Das erste Geräusch, das ich vernahm», habe ich geschrieben.

Doch es gab da noch ein anderes Geräusch.

Ich wohnte noch keine Woche bei Tante Julia, als ich erfuhr, woher der Turm seinen seltsamen Namen hatte.

Es war gegen Mittag an einem glühendheißen, wolkenlosen Tag. Träge kehrte ich am Rand der Klippen von einem Spaziergang zu einem landeinwärts gelegenen Dorf zurück, hielt meinen Hut in der baumelnden Hand und hatte die Augen halb geschlossen gegen das flirrende Leuchten des Grases und das ätzende Gleißen der See.

Ich dachte an nichts, nicht einmal an meinen Kummer; mein Verstand lag brach wie schwarzes Marschland unter der Sonne – blütenlos, stagnierend. Wenn irgendein Gedanke im Hintergrund rumorte, dann die Hoffnung (ich kann es nun mit einem Lächeln schreiben), es möge frischen Fisch zum Abendessen geben. Aber das hätte ich damals ärgerlich geleugnet. Ich hegte und pflegte meinen Kummer; er war alles, was ich besaß. Nichts konnte ihn heilen; er war eine unsterbliche Wunde.

Ach, die bitterste Lektion, die ich seitdem gelernt habe, ist, wie sanft und gewissenlos die Zeit uns noch unsere liebsten Wunden stiehlt.

Als ich mich dem Turm näherte, stand eine Gruppe von Leuten aus dem Dorf um ihn herum, die Frauen zusammengedrängt ein Stück entfernt, die Männer im lockeren Kreis, wie eine wenig verläßliche Wache.

Als ich näher kam, hörte ich ein unbeschreibliches Geräusch, das nicht von einer bestimmten Stelle auszugehen schien, sondern die gesamte Luft um den Turm erfüllte, und das ich zunächst für das Summen schwärmender Bienen hielt.

Es war ein leises, hohles, wütendes Tosen, ein Geräusch wie vielleicht das eines gewaltigen Wasserfalls in weiter Ferne; an- und abschwellend wie das Gebrüll eines Tiers.

Als ich über das Gras auf die Frauen zuging, in der Absicht, eine von ihnen zu fragen, was los sei, sah ich meine eigene Beklommenheit in den verstohlen gesenkten Blicken der Dorfleute gespiegelt.

«Was ist das? Was gibt es?» fragte ich schroff eine Frau in meiner Nähe. «Woher kommt das seltsame Geräusch?»

Sie zögerte, schaute hilfesuchend zu dem Mann an ihrer Seite, aber er mied ihren Blick.

«Es ist nur der tosende Turm», sagte sie schließlich. «Wenn die Rosen voll erblüht sind und an sehr heißen Tagen, dann tost der Turm, wie Sie hören können, Miss.»

«Aber woher kommt das? Was erzeugt dieses furchtbare Geräusch?»

Wieder stieß ich auf Schweigen. Die anderen Dorfbewohner sahen mich neugierig an. Ein paar traten näher, aber keiner gab mir Antwort.

Schließlich kam von ganz hinten die unsichere Stimme eines Mannes:

«Es heißt, es kommt von dem Wasser unter dem Turm, Miss. Es soll eine große Höhle geben, da unter dem Turm, und wenn die Flut eindringt, macht sie das Geräusch, heißt es.»

Es folgten ein paar halb beistimmende Laute. Ich war nicht zufrieden; die Erklärung erschien mir plausibel und zugleich wenig überzeugend. Doch die Verlegenheit und die eindringlichen Blicke der Dorfbewohner vertrieben mich, und ich ging hastig fort.

Eines Morgens ging ich hinaus in die Küche, um Bessie ein paar Stücke zu geben, die sie für mich zu waschen versprochen hatte. Sie war nicht da, aber am Küchentisch saß ein blondes kleines Mädchen, mit Papier und Buntstiften beschäftigt. Dies war Jennie, Bessies Nichte, der meine Tante erlaubt hatte, in der Küche zu spielen, denn sie war ein braves, stilles Kind.

«Guten Morgen, Miss Clara», flüsterte sie schüchtern.

«Wo ist deine Tante, Jennie?» fragte ich ungeduldig; ich wollte ans Meer. «Sie muß diese Rüschen hier heute für mich waschen, ich brauche sie, wenn ich morgen in die Kirche gehe.»

«Sie ist auf den Markt gegangen, Miss Clara, und kommt nicht vor einer Stunde wieder.»

«Das ist aber sehr nachlässig von ihr. Die Sachen werden ja niemals bis morgen trocken und gebügelt sein! Gib sie ihr gleich, wenn sie hereinkommt, Jennie, und sag ihr, ich brauche sie bis heute abend.»

Doch als ich schon aus der Küche rauschen wollte, durch Jennies schüchternen, ernsten Blick noch mehr verärgert, blieb ich plötzlich stehen und hob ihre Buntstiftschachtel vom Küchentisch.

«Aber – das ist ja der tosende Turm!» sagte ich mit einer ganz anderen Stimme, in der die Freude über das Bild mitschwang, das auf den Deckel gemalt war. «Wo hast du das her, Jennie? Wer hat es gemalt? Und was ist das für ein komisches Geschöpf da mit der Schnauze, gleich neben dem Turm?»

«Davy hat's mir geschenkt», näselte Jennie. «Den doofen Davy nennen ihn die Leute. Er hat die Schachtel mit dem komischen Tier für mich gemalt. Und Davy hat gesagt, er hätt's selbst gesehen.»

Ich starrte sie an und blickte wieder auf die Schachtel. Wo konnte der geistesschwache alte Mann nur das Vorbild für das fette Ungeheuer mit der langen Schnauze und den vier braunen Pfoten gesehen haben, das er neben den Turm gemalt hatte?

«Nicht lügen, Jennie. Das ist eine Sünde», sagte ich kleinlich.

«Aber Davy hat es wirklich gesehen, Miss Clara, vor langer Zeit, als er noch klein war. Das macht den Lärm, der aus dem Turm kommt, wenn die Rosen alle blühen. Darum heißt er der tosende Turm. Das kommt von dem Bärentier, das da eingeschlossen ist und nicht raus kann, sagt Davy.»

Sie schien sich überhaupt nicht zu fürchten; ein Händchen schwebte noch über ihrer Zeichnung, als wolle sie gleich weitermalen.

Ich holte tief Luft und sagte: «Du solltest dich schämen, Jennie, Davys Lügengeschichten zu wiederholen. Aber hast du dich nicht gefürchtet, als Davy sie dir erzählt hat?»

«Oh, nein, Miss Clara», sagte sie gelassen. «Das tut keinem was Böses, das Bärentier. Alle hier haben Angst vor ihm, und keiner hat Mitleid mit ihm, aber es tut keinem was. Es will nur rauskommen und nach Hause, sagt Davy.»

Wohin anders als zu dem Turm konnten meine

Schritte mich an diesem Nachmittag wohl führen, während meine Tante im Garten ein Schläfchen hielt?

Ich überquerte den Strand und stieg den sanften Hang hinauf. Da stand der Turm, von Rosen umrankt, in bebende Hitze und Schweigen getaucht. Bienen summten in den Blüten, und Schmetterlinge schwebten über den höchsten Girlanden. Ich ging durchs Gras und kletterte auf den herabgefallenen Quader, den ich immer als Podest benutzte, wenn ich auf die kreisrunde Grasfläche im Innern hinunterblicken wollte. Nun, am frühen Nachmittag, lag sie schattenlos und smaragdklar da. Ich legte die Ellbogen auf den abgebröckelten Steinrand und starrte mit unklaren Gedanken hinab. In der einschläfernden Hitze empfand ich nicht Angst, sondern so etwas wie kecke Neugier – und erneut jenes unerklärliche Mitleid, das ich verspürt hatte, als ich den Turm tosen hörte.

Während ich, mehr schlafend als wach, dort verweilte, begann die Luft unendlich leise zu beben, fast nicht zu unterscheiden von dem fernen Brausen der See, und das Geräusch schwoll an, wurde stärker als das der Wellen und der Bienen, bis es sie völlig übertönte, und ich begriff, daß der Turm toste, daß ich von seinem Tosen überflutet wurde wie ein Schwimmer auf einer vom Meer umspülten Sandbank.

Da allerdings begann mein Herz ein wenig schneller zu schlagen. Ich blickte rasch über die Schulter und nahm, zur Flucht bereit, die Ellbogen von der Mauer. Aber zu meiner eigenen Verwunderung ging ich nicht fort. Ich blieb, mit einer Hand die Mauer umklammernd, auf meinem steinernen Podest stehen und spähte hinab in die grüne Tiefe. Natürlich war dort nichts zu sehen. Das

Gras strömte in der Sonne Kühle aus, und das jammervolle, sanfte Geräusch überrollte mich in Wellen, verlassen, verzweifelt.

Ich tat etwas Seltsames. Ich beugte mich über die leere Grube und rief leise: «Kannst du mich hören? Du arme Seele! Armes, gequältes Geschöpf! Kann ich dir helfen? Ich täte es, wenn ich könnte.»

Die törichten Worte, banal und menschlich, prallten ab von dem luftigen, doch undurchdringlichen Wall aus Schönheit, den die Rosen und das schimmernde Gras bildeten. Wieder rief ich in die geheimnisvolle Höhle hinab: «Hör mich! Ich bin hier. Ich würde für dich beten, wenn Gebete helfen könnten. Du armes, verlorenes Wesen, du! Du besitzt noch eine Freundin auf der Welt, wenn du sie haben möchtest. Ich werde tun, was ich kann ...»

Aus meinen Augen strömten die ersten selbstlosen Tränen, die ich seit Monaten vergossen hatte. Kaum wissend, was ich tat, legte ich beide Hände fest auf die Mauer und sprang in die Höhle. Der Himmel weiß, warum mir das sinnvoll erschien!

Ich landete hart, stolperte nach vorn und fiel auf Händen und Knien ins Gras. Von der vertrauten Welt, die ich verlassen hatte, konnte ich nichts mehr sehen als einen gezackten Kreis von tiefblauem Himmel, um den Rosenranken sich im Wind wiegten.

Rings um mich her stieg und fiel, die Ohren mit sanften Wiederholungen betörend, die Stimme des tosenden Turms.

«Also, hier bin ich!» sagte ich zittrig, aber laut, während ich mich so hinstellte, daß ich mit dem Rücken fast die Wand berührte, als müßte ich mich zur Wehr setzen.

«Jetzt bin ich so mittendrin, wie es nur geht. Jetzt muß ich es auch zu Ende führen.»

Aber meine Worte waren unnötig kühn. Nichts geschah, nicht einmal die erwartete Katastrophe. Die Gefühle, die meine Tränen hatten strömen lassen, beruhigten sich. Das Tosen schien in langgezogenen, erschöpften Tonfolgen abzuflauen, oder aber meine Ohren begannen sich daran zu gewöhnen.

«Natürlich. Die Ebbe beginnt», murmelte ich vor mich hin und ging auf dem Gras langsam im Kreis herum, mit den Fingerspitzen an der Mauer entlangstreifend. «Wie albern von mir.» Ich errötete über meine Tränen und das Mitleid, das ich eben noch verspürt hatte.

Mein Gefängnis war kein echtes Gefängnis. Ich wußte, wenn ich es wollte, konnte ich jeden Augenblick über die etwa anderthalb Meter hohe, holprige Mauer steigen, die mehr Halt für meine Füße bot, als ich brauchte. Aber es gefiel mir, dort zu verweilen, in sonniger Stille abgeschieden von der Welt. Ich setzte mich da ins Gras, wo die Rosen üppig über die Mauer wucherten, und lehnte mich mit einem müden Seufzen gegen die Wand.

Wie tief doch die Stille war! Denn das Tosen hatte nun aufgehört. Nicht eine Biene summte, kein Schmetterling flatterte umher. Die Sommerluft, kühler in dieser Grube des Schweigens, duftete süß.

Es wäre leicht, an diesem Punkt zu schreiben: «Ich mußte eingeschlafen sein.»

Doch ich weiß so genau, wie ich weiß, daß mein Körper bald sterben muß, daß ich nicht schlief, nicht einmal für ein paar Sekunden. Ich war wach, hellwach. Und ich sah, was ich sah.

Ein Schatten stieg aus dem smaragdgrünen Gras.

Er war braun und groß, viele Male größer als ich. Zuerst sah er aus wie eine Verdichtung der Luft unmittelbar über dem Gras, und ich blinzelte ein wenig, denn ich nahm an, mein Blick sei noch von den Tränen getrübt. Doch der Schatten verschwand nicht, er wurde dunkler und dichter, begann Gestalt anzunehmen. Er war gedrungen, rundlich, geduckt; ein kleiner Kopf mit einer langen Schnauze ruhte tief zwischen den Schultern, und vier Pfoten kamen aus seinem pelzigen Leib.

Ich beugte mich vor, ich rieb mir sogar mit den Fäusten die Augen, aber der Schatten verschwand nicht. Und als ich ihn beobachtete, schwoll das schwache Geräusch wieder an, ebbte zum bloßen Raunen, dann Wispern ab und schwoll erneut an.

Der Turm toste, und das Geräusch kam aus der Kehle des mit zurückgeworfenem Kopf vor mir liegenden Ungeheuers. Das Geschöpf – Vision, Gespenst, was immer es gewesen sein mag – wandte den Kopf hin und her, während es brüllte, wie in äußerster Pein; ich sah seine schrägen Augen dabei funkeln.

Schaute das Ungeheuer mich an? Merkwürdige Frage, und mehr als nur eine Spur lächerlich! Wie kann man nüchtern von einem Blicktausch zwischen einem Bewohner dieser Welt und einem Besucher aus einer unbenennbar anderen sprechen? Doch meine Erinnerung deutet darauf hin, daß jenes Tier meine Gegenwart wahrnahm, denn bald drehte es sich unbeholfen um seine eigene Achse und kehrte mir, noch immer brüllend, den Kopf zu, als flehe es mich um Hilfe an.

So kauerten wir einander gegenüber, ich und die Stimme des tosenden Turms.

Ich streckte die Hände aus, und als ob es mich verstehen könnte, sprach ich zu dem Monstrum vor mir. «Kann ich etwas tun?» flüsterte ich. «Soll ich einen Geistlichen holen?»

Doch schon während die närrischen Worte aus meinem trockenen Mund drangen, verwandelte sich der braune Schatten.

Ich kann nicht beschreiben, was folgte. Ich bin nur ein Mensch; dafür aber wäre die Feder eines von Miltons Erzengeln vonnöten.

Der Schatten strömte aufwärts, und er zerschmolz dabei. Er schien geradewegs ans Himmelsgewölbe gezogen zu werden, von einer unsichtbaren Kraft angesaugt.

Einen flüchtigen, furchtbaren Moment lang erblickte ich riesige, mit kupfergetönten Federn besetzte Flügel, ein Gesicht, umkränzt von Haar, das sprühenden goldenen Strahlen glich, ein wildes Gesicht, das in Ekstase auf mich herablächelte, und einen geschlechtslosen Körper, golden durchädert, wie ein Blatt von Adern durchzogen ist. Ein blendender Druck erschütterte mich, vielleicht (und der Gott jenes Wesens möge mir verzeihen, wenn ich irre) eine Umarmung zum Dank.

Dann war es fort. Verschwunden, als hätte ich es nie gesehen.

Nichts blieb zurück. Der tosende Turm war so leer wie ein an der Sonne gedörrter Knochen. Ich spürte das schon, als ich noch mit geschlossenen Augen dasaß. Selbst aus den Rosen war alle Tugend gewichen; geheimnisvoll waren sie nur im Zusammenhang mit dem Geheimnis aller wachsenden Dinge.

Gleich darauf erhob ich mich und stieg, nach mehreren Ansätzen, aus dem tosenden Turm hinaus.

Schwach wie ein eben geschlüpftes Küken schlenderte ich am Saum des Meeres entlang nach Hause. Der knisternde Schaum lief mir vor die Füße; unter müde gesenkten Lidern folgte mein Blick seinen schneeigen Spuren. Der träge, kräftige Seewind, der die Abendwolken herbeitrieb, glättete mir die Wangen. Ich dachte an nichts. Ich war so ruhig wie die Sandfläche vor mir.

Ich war nicht mehr unglücklich. Ich betrachtete den gewaltigen Himmel, den Sand, die dunkler werdende See, die von Blumen gesäumten Klippen und dachte mit müder Freude, wie reich ich doch sei, noch viele, viele Jahre vor mir zu haben, in denen ich ihre Schönheit lieben konnte.

Denn nun gehörten sie mir, wie alles Schöne. Dies war das Geschenk des furchtbaren Geistes, den ich im Turm bemitleidet hatte. Mein Mitleid, so glaubte ich, hatte ihn befreit, und als Gegengabe hatte er allen Schmerz aus meinem Herzen gefegt, mich frei gemacht für alle Schönheit.

Ich fühlte mich seltsam unpersönlich, so wie wir uns (in unserer menschlichen Beschränktheit) vorstellen, daß sich ein Sandkorn, eine Kleeblume fühlen muß. Leichtfüßig, ruhig, ohne zu denken, bummelte ich in dem abnehmenden Licht heimwärts.

Das war vor fünfzig Jahren.

In der Zeit, die ich mich dort noch aufhielt, stellte ich meiner Tante, dem doofen Davy und den Dorfbewohnern vorsichtige Fragen, aber nie stieß ich auf den Fetzen einer Legende, die mir eine Erklärung – wenn es die geben konnte – dessen geliefert hätte, was in dem tosenden Turm geschehen war. Davy bekam es mit der Angst und weigerte sich, mir zu antworten; und meine Tante starrte mich an, als wäre ich verrückt geworden.

Doch das Geschenk des tosenden Turms hat mich in meinem langen, bis zum Rande mit Leid und Glück erfüllten Leben niemals verlassen. Ein Teil von mir ist unberührbar; ein Teil von mir kann immer in die zuschauende Schönheit der natürlichen Welt ringsumher fliehen – und frei sein.

Nun, da ich eine zu alte Frau bin, um jenen noch Zugeständnisse zu machen, die glauben, diese Welt sei die einzige, die wir je bewohnen werden: Ist es da verwunderlich, daß ich mich vor dem Sterben nicht fürchte?

Frei von Geistern, ohne Stimme, nichts als eine steinerne Ruine, so mag der tosende Turm bis zum heutigen Tag dastehen. Aber ich bin nie dorthin zurückgekehrt, um es zu überprüfen.

Rosemary Timperley

Die Lehrerin in Schwarz

Die Schule wirkte verlassen, so totenstill war es. Nervös näherte ich mich ihr von der Landstraße, folgte einem Fußweg um die Schmalseite des Gebäudes und gelangte zum Haupteingang. Aber die Tür war verschlossen, also klingelte ich.

Schritte waren zu hören. Die Tür ging auf. Ein großer Mann mit sympathischem Gesicht und grauem Schnurrbart stand vor mir.

«Guten Morgen», sagte ich. «Ich bin Miss Anderson. Ich habe um zehn Uhr eine Verabredung mit der Direktorin.»

«Ach ja. Kommen Sie herein, Miss. Ich bin der Hausmeister.» Er ließ mich eintreten und schloß wieder ab. «Wenn Sie hier warten möchten, sehe ich nach, ob Miss Leonard für Sie frei ist.»

Er ging vor mir den Korridor entlang, wandte sich nach rechts und verschwand.

Mit dem Rücken zur Tür sah ich mich in der Halle um. An der Wand links hing ein grünes, filzbezogenes Brett, an dem ein paar Ankündigungen ordentlich mit Reißzwecken befestigt waren. Ob das Brett wohl noch genauso ordentlich aussehen würde, wenn erst die Ferien vorüber und die Kinder zurück waren? Hinter dem

Anschlagbrett führten Flügeltüren in eine leere Turnhalle mit sinnlos umherstehenden Geräten und blitzblankem Fußboden. Alles sah frisch gestrichen aus. Zu meiner Rechten gab es noch einige geschlossene, geheimnisvolle Türen – in einem unvertrauten Gebäude erscheint einem alles geheimnisvoll. Und vor mir führte, parallel zu dem Korridor, eine Treppe nach oben.

Meine Nervosität wuchs. Vorstellungsgespräche versetzen mich immer in Panik, und diese Stelle brauchte ich unbedingt. Ich wartete. Die Stille schien ein eigenes Geräusch zu besitzen. Ich horchte auf die Schritte des Hausmeisters.

Plötzlich tauchte oben auf der Treppe eine Frau auf und kam herunter. Sie erschreckte mich, weil ich sie nicht kommen gehört hatte, und ich fühlte mich an eine meiner früheren Direktorinnen erinnert, deren Gewohnheit, Schuhe mit weichen Sohlen zu tragen, ihr eine unheimliche Fähigkeit verliehen hatte, lautlos aufzutauchen, wenn man sie am wenigsten erwartete. Diese Frau dort auf der Treppe war blaß, dunkelhaarig, sehr dünn und trug ein schwarzes Kleid ohne jegliche Verzierung. Ohne zu lächeln, schaute sie mich mit schönen, aber sehr traurigen, dunklen Augen an.

«Miss Leonard?» sagte ich.

Weder antwortete sie, noch blieb sie stehen, sondern ging einfach auf die Tür zur Turnhalle zu. In diesem Moment hörte ich den Hausmeister zurückkommen.

«Hier entlang, bitte», rief er vom Korridor aus. «Miss Leonard erwartet Sie.»

Als ich auf ihn zuging, meinte ich etwas Brennendes zu riechen, deswegen zögerte ich. Ich sah noch einmal durch die Glasscheiben in der Turnhallentür. Die Frau in Schwarz war außer Sicht.

«Was ist los?» fragte der Hausmeister, der mir entgegenkam. «Sind Sie nervös?»

«Ja, schon, aber das ist es nicht – ich dachte, ich hätte einen Brandgeruch wahrgenommen.»

Er sah mich scharf an. «Nein, doch jetzt nicht mehr», sagte er. «Das ist nun vorbei, und ich muß es am besten wissen. Aber ich verbrenne Laub draußen auf dem Gelände. Vielleicht zieht der Rauch in diese Richtung.»

«Das wird es sein. Jedenfalls rieche ich jetzt nichts mehr. War das eben Miss Leonard?»

«Wo?» fragte er.

«Auf der Treppe, dann ist sie in die Turnhalle gegangen –»

«Ihre Nerven sind ja wirklich in keinem guten Zustand», sagte er und ging mir den Korridor entlang voraus. «Heute ist niemand im Haus außer Ihnen, mir und Miss Leonard, und die wartet auf Sie in ihrem Büro. Treten Sie dem Kollegium bei?»

«Das hoffe ich. Ich habe mich als Englischlehrerin beworben, es gibt da eine offene Stelle.»

«Na, dann viel Glück», sagte er. Wir blieben vor einer Tür stehen.

«Das ist Miss Leonards Zimmer.» Er klopfte. Eine Stimme rief: «Herein!»

Und ich trat in das Zimmer der Direktorin. Miss Leonard saß an ihrem Schreibtisch vor dem Fenster. Sie stand sofort auf, eine rundliche, aber würdevolle Gestalt mit adrettem weißem Haar in einem rosa Kostüm, das die Farbe ihrer Wangen unterstrich. Der schwarzgekleideten Frau glich sie nicht im mindesten.

Sie lächelte. «Kommen Sie und setzen Sie sich, Miss Anderson. Ich freue mich, Sie zu sehen. Es ist nicht leicht, am Ende des Herbsttrimesters von einem Tag auf den anderen Lehrkräfte zu finden.»

«Es ist auch nicht leicht, um diese Zeit eine Stelle zu finden», sagte ich. «Die meisten Schulen planen für das ganze Schuljahr.»

«Wir auch – nur wurde dann plötzlich eine Stelle frei. Also, Sie sind fünfundzwanzig, haben einen Abschluß in Englisch und zwei Jahre Lehrerfahrung.» Sie schaute auf mein Bewerbungsschreiben, das vor ihr lag.

«Das ist richtig, Miss Leonard.»

«Sie haben die letzten zwölf Monate nicht unterrichtet. Darf ich fragen, warum?»

«Meine Mutter und ich zogen nach Rom zu meiner Schwester, die dort verheiratet ist. Mutter war krank und wollte meine Schwester wiedersehen, bevor ... Nun, meine Mutter ist inzwischen gestorben, und ich beschloß, nach England zurückzukommen.»

«Und wissen Sie irgend etwas über diese Schule?»

«Nein, ich habe nur auf Ihre Annonce reagiert.»

«Darüber bin ich sehr froh.» Sie griff nach einer Mappe mit Blättern für das kommende Trimester sowie Einzelheiten über den Lehrstoff und die durchzunehmenden Bücher. «Sie können also Ihre ‹Hausaufgaben› erledigen, bevor es mit dem Unterricht losgeht.»

«Heißt das, ich bekomme die Stelle?»

«Sicher. Warum denn nicht?»

«Das ist großartig. Danke.»

Wir unterhielten uns dann noch eine Weile, und als sie mich zum Haupteingang brachte, sagte sie: «Sie werden feststellen, daß die meisten Kolleginnen sehr nett und freundlich sind.»

«Ich glaube, eine habe ich schon gesehen», sagte ich.

«Ach, wirklich? Wen?»

«Das weiß ich nicht. Sie kam nur die Treppe herunter, als ich in der Halle wartete. Sie trug ein schwarzes Kleid.»

Miss Leonard sagte beiläufig: «Manchmal kommt eine Kollegin in den Ferien, weil sie etwas hier vergessen hat. Jetzt erst einmal auf Wiedersehen, Miss Anderson. Kommen Sie am ersten Schultag gleich in mein Büro, dann zeige ich Ihnen das Lehrerzimmer und bringe Sie zu Ihrer ersten Klasse.»

Und das Vorstellungsgespräch war vorbei.

Weihnachten ging vorbei, der Januar kam, emsig studierte ich meine Informationsmappe. Und dann fiel in der Nacht vor dem ersten Schultag Schnee. Ich mußte mit dem Zug von meiner Wohnung zum Ort der Schule fahren, und ausgerechnet an diesem Morgen, an dem ich pünktlich sein wollte, blieb mein Zug stehen. Vereiste Leitungen. Als ich die Schule erreichte, war ich spät dran und aufgewühlt.

Obendrein sah die Schule selbst im Schnee anders aus. Ich fand nicht einmal den Weg zum Haupteingang. Ich schlug den falschen Weg ein, marschierte um die Schule herum und spähte durchs Fenster eines Klassenzimmers.

Drinnen brannte Licht. Etwa fünfunddreißig kleine Mädchen in weißen Blusen und dunklen Trägerkleidchen saßen an ihren Tischen und hörten der Lehrerin zu. Es war die dunkle, dünne Frau im schwarzen Kleid, die ich schon einmal gesehen hatte. Fasziniert starrte ich hinein. Es war, als sähe ich einer Pantomime zu – ich draußen im Dunkeln, die Akteure drinnen im Licht.

In der ersten Reihe saß ein kleines Mädchen mit hellem Haar, das ihm wie Goldregen über die Schultern fiel. Neben ihm saß ein Kind mit jungenhaft kurzgeschnittenem schwarzen Haar. Und daneben eines mit einer Mähne roter Locken.

Die Schülerinnen waren alle sehr aufmerksam, aber dieses rothaarige Kind sah die Lehrerin geradezu bewundernd an. Es war rührend, aber auch ein wenig beunruhigend. Kein menschliches Wesen hat so viel Verehrung durch Jüngere verdient . . .

Ich kehrte um, fand den richtigen Weg und endlich auch die Tür. Eilig lief ich zum Büro von Miss Leonard.

«Herein!» rief sie auf mein Klopfen.

Ich stotterte sofort los: «Es tut mir furchtbar leid. Mein Zug – der Schnee –»

«Macht nichts, Miss Anderson. Ich hab's mir gedacht. Ich bringe Sie ins Lehrerzimmer.»

Sie führte mich aus der Halle die Treppe hinauf und einen Flur entlang. Das Lehrerzimmer sah aus wie in allen Schulen – Anschlagbrett, Schließfächer, Tische, Stühle, Sessel, ein Kamin mit elektrischem Feuer. Ich dachte erst, es wäre leer, aber dann sah ich aus dem Augenwinkel doch jemanden, auf einem Stuhl am anderen Ende des Raums. Ich erkannte die Frau in Schwarz, aber ich schaute nicht ausdrücklich hin. Wenn ich irgend etwas dachte, dann, daß es ganz schön eigenwillig von ihr sei, die Klasse allein zu lassen, die ich sie eben noch hatte unterrichten sehen, und sich einfach ins Lehrerzimmer zu setzen – und nun wurde sie auch noch von der Direktorin ertappt.

Doch Miss Leonard nahm keine Notiz von ihr. Sie sagte: «Hier ist Ihr Schrank, Miss Anderson. Die Pausenglocke wird gleich klingeln, dann bringe ich Sie zu Ihrer ersten Klasse. Sie hat eine Doppelstunde Englisch, wie Sie auf Ihrem Stundenplan gesehen haben. Im Augenblick kümmert sich Mrs. Gage um die Klasse, das ist unsere Biologielehrerin. Sie wird sich freuen, daß Sie da sind, denn sie hätte jetzt eigentlich Freistunde. Darum ist hier niemand.»

Aber es war jemand da. Ernst sah die Frau in Schwarz mich an, mit diesen schönen, traurigen, dunklen Augen ...

Miss Leonard führte mich zu meiner Klasse. Die Lehrerin dort schaute sich schnell um, als wir eintraten, eine lebhafte, dunkle Frau von jüngeren Jahren mit einer schwarzgefaßten Brille. Sie trug einen roten Pullover und einen braunen Rock.

«Hier sind wir, Mrs. Gage», sagte Miss Leonard. «Eine Freistunde bleibt Ihnen wenigstens.» Sie wandte sich an die Klasse: «Also, Mädchen, das ist eure neue Englischlehrerin, Miss Anderson. Ihr helft ihr doch, so gut ihr könnt, nicht?»

Es war dieselbe Klasse, die ich vor einer Viertelstunde durchs Fenster gesehen hatte. Da war das blonde Kind in der ersten Reihe und daneben das dunkelhaarige – und ...

Nein. Das Mädchen mit den roten Locken saß nicht da. Sein Platz war leer. Und natürlich war die Lehrerin eine andere ...

Miss Leonard und Mrs. Gage gingen. Ich war allein mit dieser vertrauten, fremden Klasse. Die nächsten vierzig Minuten verbrachte ich damit, sie kennenzulernen, zu überprüfen, was sie gelesen hatten; dann klingelte es zur großen Pause, und ich ging zurück ins Lehrerzimmer.

Der Stuhl, auf dem die Frau in Schwarz gesessen hatte, war frei, aber andere waren nun besetzt. Über das Stimmengewirr hinweg hörte ich jemanden sagen: «Wie kommt dieser verdammte Stuhl dahinten in die Ecke? Wer stellt ihn bloß dahin?»

«Putzfrauen kommen in der Nacht auf seltsame Ideen», sagte eine andere Stimme.

«Mit den Putzfrauen ist es wirklich seltsam», erwiderte die erste. «Sie arbeiten jahrelang hier und wir auch. Sind wir die Geister oder sie? Wir existieren zur gleichen Zeit, aber wir begegnen uns nie.»

Eine Frau in einer Kittelschürze brachte auf einem Tablett Kaffeegeschirr herein. Mrs. Gage kam zu mir herüber. «Trinken Sie auch eine Tasse Kaffee, Miss Anderson?»

«Oh, gern.» Als sie mit den Tassen zurückkam, sagte ich: «Tut mir leid, daß Sie meinetwegen um eine Freistunde gekommen sind. Mein Zug ist wegen des Schnees stehengeblieben.»

«Das macht nichts.»

Während ich meinen Kaffee trank, schaute ich mir die Gesichter der anderen Frauen um mich herum an.

«Kommen denn nicht alle zur Kaffeepause hierher?» fragte ich Mrs. Gage.

«Doch, alle! Wir würden den Tag sonst nicht durchstehen.»

«Wo ist dann, nun ja, eine der Lehrerinnen? Die heute morgen Ihre – meine Klasse übernommen hat – ich habe sie durchs Fenster gesehen –»

«Das kann nicht sein», sagte Mrs. Gage. «Ich habe sofort nach dem Morgenappell mit ihnen angefangen.»

«Aber ich habe ein paar von den Mädchen wiedererkannt. Und das mit den roten Haaren fehlte.»

Mrs Gage sah mich mitleidig an. «Sie sind noch ganz durcheinander, weil Sie sich verspätet haben, nicht? Und vielleicht auch noch aus anderen Gründen. Ich kann es Ihnen nicht verdenken. Miss Careys Platz zu übernehmen ist nicht leicht.»

«Miss Carey? Wer –» Aber da klingelte es zur dritten Stunde.

Ich hatte derselben Klasse noch eine weitere Stunde zu geben – dachte ich wenigstens, bis ich zum Klassenzimmer kam und sah, daß das Lehrerpult bereits besetzt war.

Die Frau in Schwarz saß daran.

Und das Kind mit den roten Haaren saß auf dem dritten Platz in der ersten Reihe.

«Entschuldigung», murmelte ich und ging zurück auf den Gang, um noch einmal auf meinen Stundenplan zu schauen. Ich mußte mich geirrt haben – nein – ich hatte recht, dies hier war meine Klasse. Also ging ich wieder hinein. Nun war der Lehrerstuhl frei. Und auch der dritte Platz in der ersten Reihe . . .

Das war der Augenblick, wo ich Angst bekam. Solche Angst, daß mir ein Schauder über den Rücken lief, ich auf einmal schweißnaß war und alle Selbstbeherrschung aufbieten mußte, um mich der Klasse zu stellen und Unterricht halten zu können.

Als es läutete, fragte ich die Klasse insgesamt: «Wo ist das Mädchen, das hier sitzt?» Ich deutete auf den dritten Platz in der ersten Reihe.

Niemand antwortete mir. Die Kinder wurden unnatürlich still und starrten mich an.

«Nun?» sagte ich.

Da sagte das blonde Mädchen: «Da sitzt niemand, Miss.» Und das dunkelhaarige daneben fügte hinzu: «Das war Joans Platz.»

«Aber wo ist denn Joan?»

Wieder Schweigen.

In diesem Moment kam Mrs. Gage herein. «Hallo, Miss Anderson. Wir scheinen uns heute morgen ja ständig über den Weg zu laufen. Wissen Sie, in welche Klasse Sie für die letzte Stunde müssen?»

«Ja, danke. Ich habe meinen Stundenplan hier», sagte ich und ging rasch hinaus.

Geschäftigkeit ist das beste Heilmittel für Angst, und bis es zur Mittagspause läutete, war ich vollauf damit beschäftigt, eine weitere Klasse kennenzulernen. Als ich ins Lehrerzimmer kam, nahm mich Mrs. Gage wieder freundlich unter ihre Fittiche.

«Miss Leonard hat mich gebeten, ein bißchen nach Ihnen zu sehen, bis Sie sich auskennen. Der Speiseraum des Kollegiums liegt einen Stock höher. Mögen Sie mitkommen?»

Ich war ihr sehr dankbar.

Das Kollegium, alles Frauen, saß an drei langen Tischen, und es herrschte im Speiseraum ein solcher Lärm wie in einem Klassenzimmer, bevor der Lehrer da ist. Zwei Frauen in Kittelschürzen trugen das Essen auf. Die Gespräche waren vor allem «fachlich» – so verhalten sich Lehrerinnen törichterweise meistens. Als Neuankömmling blieb ich still, aber ich schaute mir die Frauen eine nach der anderen an und versuchte, die Schwarzgekleidete ausfindig zu machen.

Sie war nicht da.

Ohne Appetit aß ich Fleischpastete mit Karotten, und

als dann Reispudding mit Pflaumen (denn Lehrer essen am liebsten wie Kinder) serviert wurde, fragte ich Mrs. Gage leise: «Wo ist denn die Kollegin im schwarzen Kleid?»

Sie blickte sich um. «Keine trägt Schwarz, soviel ich sehe.»

«Nein, sie ist nicht da, aber ich habe sie gesehen.»

«Wirklich? Aber ich glaube, heute sind alle anwesend. Manchmal essen wir auch außerhalb, aber bei solchem Wetter ist es doch viel bequemer hier. Wie sah sie denn aus?»

«Dunkel, blaß, dünn, nicht sehr jung – mit hübschen Augen.»

«Und sie trug Schwarz, sagten Sie?»

«Ja.»

Mrs. Gage lachte kurz auf, aber es klang nicht heiter. «Klingt wie Miss Carey, aber Sie können sie unmöglich gesehen haben.»

«Die fortgegangen ist – deren Stelle ich eingenommen habe?»

«Niemand könnte Joannas Stelle einnehmen.»

«Oh, so habe ich es nicht gemeint –»

«Tut mir leid, Miss Anderson, ich habe es auch nicht so gemeint.» Sie sah nicht zu mir hin, aber sie aß ihre Pflaumen nicht weiter.

«Ist ihr etwas Schlimmes zugestoßen?» fragte ich.

«Sie hat versucht, die Schule niederzubrennen.» Sie flüsterte, und da es um uns herum so laut war, dachte ich, ich hätte mich verhört, darum sagte ich: «Wie bitte?»

«Sie hat versucht, die Schule niederzubrennen», wiederholte Mrs. Gage. Diesmal hatten es auch andere an unserem Tisch gehört, und die Gespräche verebbten. Auf einmal war es still. Mehrere Köpfe wandten sich Mrs. Gage zu.

«Schauen Sie mich nicht alle so an», sagte Mrs. Gage. «Ich erzähle Miss Anderson nur, was im letzten Trimester passiert ist. Sie hat ein Recht, es zu erfahren.» Sie ließ ihren Nachtisch stehen, schob scharrend ihren Stuhl zurück und verließ den Raum. Ich saß versteinert da. Leise kamen wieder Gespräche in Gang, aber niemand sprach mich an. Ich tat noch einen Moment so, als wäre ich mit meinem Dessert beschäftigt, dann ging ich.

Im Lehrerzimmer saß Mrs. Gage rauchend am elektrischen Feuer. «Es tut mir leid. Bis Sie fragten, nahm ich an, Sie wüßten es. Es stand in den Zeitungen.»

«Ich habe in Italien gelebt. Ich bin erst kurz vor Weihnachten zurückgekommen. Könnten Sie mir erzählen, was passiert ist, bevor die anderen vom Essen kommen?»

«Klar. Nehmen Sie eine. Das ist ja ein mieser erster Tag für Sie.» Sie bot mir eine Zigarette an und gab mir Feuer.

«Da ist wieder dieser Brandgeruch», sagte ich. «Der ist mir schon mal aufgefallen.»

«Nur unsere Zigaretten, Miss Anderson. Und wir haben sie besser ausgeraucht, wenn die anderen zurückkommen. Einige können Zigarettenrauch nicht ausstehen. Diese alten Jungfern!»

«Ich bin auch eine.»

«Keine richtige, Sie sind noch jung. Sie wollen also etwas über Joanna Carey erfahren?»

«Natürlich. Schließlich habe ich sie gesehen. Ist ihr gekündigt worden und sie kommt trotzdem noch unaufgefordert her – oder was?»

«Mein liebes Kind, Sie können sie nicht gesehen haben. Sie ist tot.»

«Wen habe ich denn dann gesehen?»

Mrs. Gage überhörte diese Frage. Sie sagte: «Miss Carey, Joanna, hat zwanzig Jahre lang hier unterrichtet. Sie war eine ausgezeichnete Lehrerin, und die Kinder himmelten sie an. Aber dann veränderte sie sich. Vor etwa einem Jahr.»

«Wie hat sie sich verändert?»

«Nicht in ihrem Unterrichtsstil. Da war sie immer glänzend. Aber in ihrer Einstellung. Sie hatte immer viel Verständnis und Einfühlung für jüngere Menschen, aber allmählich wurde sie immer zynischer, fast grausam. Sie machte uns allen, Kolleginnen und Schülerinnen, klar, daß sie ihren Beruf nun haßte und nur weiter darin arbeitete, weil sie irgendwie Geld verdienen mußte.»

«Aber wie kam das?»

«Wie das kam? Wer weiß schon, wie irgend etwas zustande kommt? Allerdings weiß ich ein bißchen mehr über sie als die anderen. Joanna und ich waren befreundet, bevor sie sich so veränderte. Früher hat sie mich und meinen Mann oft besucht. Beim Geschirrspülen haben wir uns manchmal das Herz ausgeschüttet, und so erfuhr ich etwas über ihr Privatleben. Sie war die Geliebte eines verheirateten Mannes, über etwa zehn Jahre. Darin bestand ihr Privatleben. Dann ließ er sie fallen – wollte wieder ‹ein braver Junge› sein. Als das geschah, erzählte sie mir lachend davon, es schien ihr nicht viel auszumachen. Aber von diesem Moment an begann sie sich zu verändern, bitter und desillusioniert zu werden. Die Welt wurde für sie schal. Das Salz hatte seinen Geschmack verloren. Sie fing an, sich zu rächen, nicht an dem Mann, sondern an allen, mit denen sie sonst in Berührung kam. Also an uns – Lehrerinnen und Kindern. Sie war voller Haß, und Haß erzeugt Haß. Sogar ich, die ich ihre Freundin gewesen war, ging ihr allmählich immer mehr aus dem Weg. Sie war allein.»

«Sie haben gesagt, sie hätte versucht, die Schule niederzubrennen.»

«Hat sie auch. Das ist ihr nicht gelungen. Aber sie hat sich selbst verbrannt. Und eines der Kinder.»

«Eines der Kinder? Nein!»

«Doch, Miss Anderson. Ich würde es nicht sagen, wenn es nicht wahr wäre. Aber es ist passiert.»

«Was genau ist denn geschehen?»

«Eines Freitagabends gegen Ende des letzten Trimesters kam sie zurück in die Schule. Das haben die Nachforschungen der Polizei dann ergeben. Außer Mr. Brown, dem Hausmeister, war niemand mehr da. Sie übergoß die langen Vorhänge in der Turnhalle unten mit Paraffin und zündete sie an. Stellen Sie sich bloß das Feuer vor, das da entstehen muß – bei all den Vorhängen in dem großen Raum. Warum sie danach nicht mehr hinauskam, weiß keiner. Vielleicht wurde sie ohnmächtig. Vielleicht wollte sie durch Verbrennen zu Tode kommen – wie jener tschechische Student, Sie wissen schon. Menschen tun so etwas, wenn sie verzweifelt sind. Mr. Brown sah die Flammen, alarmierte die Feuerwehr, und nachdem ist das Feuer gelöscht hatten, fanden sie ihre Leiche in der Asche der Vorhänge.»

«Und das Kind? Sie sagten –»

«Ja. Die kleine Joan Hanley, ein liebes Mädchen mit roten, gelockten Haaren. Sie himmelte Joanna an. Und wurde auch tot gefunden, inmitten der Asche der Vorhänge.»

«Wie kam sie denn überhaupt dahin?»

«Auch das weiß keiner. Sie gehörte zu Joannas Verehrerinnen; davon gab es einige. In dieser Hinsicht sind Mädchenschulen teuflisch. Wie Frauenstationen in Krankenhäusern – da gedeihen unnatürliche Leidenschaften. Joan Hanley hätte für Joanna Carey alles getan. Hat Joanna das Kind zu ihrer ‹Party› eingeladen? Ich weiß es nicht. Aber so sieht es aus.»

«Hat die Polizei gar nichts herausgefunden?»

«Sie haben es versucht. Joan hatte ihren Eltern erzählt, sie ginge ins Kino, was sie Freitag abends oft tat. Als sie nicht rechtzeitig zurückkam, wunderten sie sich – und da standen auch schon Polizisten vor der Tür und teilten ihnen mit, ihre Tochter sei bei einem Feuer in der Schule ums Leben gekommen. Mehr weiß ich nicht, Miss Anderson, mehr weiß niemand von uns. Seither wurde die Turnhalle renoviert, daher all die frische Farbe und die hübschen neuen Vorhänge. Solche Tragödien passieren ständig, überall auf der Welt, das weiß ich; aber wenn ich an Joanna denke, daß sie in ihrem Haß und ihrer Bitterkeit ein Kind mitzieht in eine solche Hölle! O Gott!» Sie legte die Hände vor ihr Gesicht.

Es wurde totenstill. Drinnen nur wir beide, Mrs. Gage und ich, über das elektrische Feuer gebeugt, draußen die lautlose Welt unter der Schneedecke – und Gott weiß, warum ich mich plötzlich umblickte.

Der Stuhl in der Ecke am anderen Ende des Raums war nicht mehr leer. Die Frau in Schwarz saß dort und sah mich mit ihren tragischen Augen direkt an.

Dann ging die Tür laut auf, und die anderen Frauen

strömten herein, verbreiteten ihren Lärm, füllten mit ihren Körpern leere Stühle, redeten «fachlich» daher – und ich dachte: Kein Wunder, daß Joanna Carey das alles zu hassen begann. Aber ein Kind in den Feuertod mitzunehmen – nein!

«Das habe ich nicht getan!» Es war so laut und klar zu vernehmen gewesen, als wäre die Welt damit erfüllt. Und doch schien es niemand zu hören. Die Stimme ertönte nur in meinem Kopf.

«Ich beweise es dir!» sagte die laute Stimme. «Komm!»

Mrs. Gage hatte sich zurückgelehnt und die Augen geschlossen. Sie sah erschöpft aus. Ich stand auf und verließ diesen Raum voller plappernder Frauen.

Ziellos, und doch wie geführt, ging ich über die Korridore. Draußen lieferten die Kinder sich Schneeballschlachten. Der Himmel war draußen. Im Innern war die Hölle.

Ohne zu wissen warum, ging ich in das Klassenzimmer, das ich durchs Fenster gesehen hatte und in dem ich am Morgen die ersten Stunden unterrichtet hatte.

Ich ging zum dritten Platz in der ersten Reihe.

Als wäre ich die kleine Joan Hanley, setzte ich mich an den Tisch, an dem sie tagein, tagaus gesessen hatte . . .

Ich klappte den Pultdeckel auf. Leer. Aber in die Unterseite waren Buchstaben eingeritzt. «J. H. LIEBT J. C.», entdeckte ich, und darüber ein unsymmetrisches Herz, durchstochen von einem ziemlich wackligen Pfeil.

Aber ich wußte ja bereits, daß J. H. die schwarze J. C. liebte, ich hatte ja schon am Morgen durchs Fenster das Gesicht des Kindes gesehen, hatte gesehen, was nicht existierte und doch –

Was nun?

Von Gott weiß wem geleitet, steckte ich die Finger in die leere Vertiefung für das Tintenfaß. Meine Finger fanden ein klein zusammengefaltetes Stück Papier.

Vorsichtig faltete ich es auf und las:

«Liebe Mami und Papi, ich liebe Euch nicht. Ich liebe Miss Carey. Wo sie hingeht, geh ich auch hin. Ich folge ihr überallhin. Heute abend bin ich ihr in die Schule nachgegangen. Sie ist in die Turnhalle gegangen. Dahin gehe ich auch. Etwas wird passieren. Darum schreibe ich. Was sie tut, tue ich auch. Weil ich sie liebe. Ich muß mich jetzt eilen. Eigentlich komisch – sie weiß nicht mal, daß ich ihr folge! Ich stecke das hier in mein Tintenfaß. Wahrscheinlich lest Ihr es nie, aber wer weiß. Mit freundlichen Grüßen – Eure Tochter Joan.»

«Ich wußte nicht, daß sie da war!» rief die Stimme in meinem Kopf. «Ich wußte es nicht!»

«Natürlich wußtest du es nicht!» antwortete ich laut. «Schon gut. Ich sage es ihnen!»

Die Klassenzimmertür ging auf, und Miss Leonard kam herein.

«Miss Anderson, was um Himmels willen machen Sie da?»

Was ich machte? Ich saß am Pult eines toten Kindes, hielt einen Zettel in der Hand und «sprach mit mir selbst».

«Ich habe etwas gefunden, Miss Leonard.» Ich reichte ihr den Brief. Sie las. «Also das ist passiert», sagte sie. «Miss Carey hat die Kleine gar nicht mitgenommen, das Kind hat seiner Göttin sogar noch den Selbstmord nachgemacht. Wo haben Sie das gefunden?»

«In der Vertiefung für das Tintenfaß. Erstaunlich, daß es bisher noch niemand entdeckt hat.»

«Nein. Ich habe selbst das Pult ausgeräumt und das Tintenfaß herausgenommen, aber ich kam nicht auf den Gedanken, darunter nachzusehen. Und die Kinder berühren das Pult nie. Ich habe daran gedacht, es entfernen zu lassen, aber das hieße doch, dem Aberglauben allzusehr nachzugeben. Wie kamen Sie darauf, dort nachzusehen, Miss Anderson?»

«Sie – sie hat mich hergeführt – sie hat in meinem Kopf zu mir gesprochen. Ich verstehe es auch nicht, aber so war es –»

«Sie sind medial begabt, nicht? Wußten Sie das schon länger?»

«Nicht bevor ich an diese Schule kam.»

«Sie haben sie schon gesehen, als Sie sich vorstellten, nicht?»

«Ja, auf der Treppe.»

«Ich erinnere mich. Und ich habe Sie mit einer plausiblen Erklärung abgelenkt.»

«Haben Sie sie auch schon gesehen, Miss Leonard?»

«Nein. Aber Mr. Brown, mehr als einmal. Und nach dem Feuer behauptete eines der Kinder beharrlich, Miss Carey wäre nicht tot, es hätte sie auf dem Korridor gesehen. Keiner von beiden hat gelogen. Manche Menschen sehen und hören mehr als andere. Hat es Sie sehr erschreckt?»

«Anfangs nicht, weil ich sie für real hielt. Später wohl.»

«Und jetzt?»

«Jetzt habe ich entsetzliches Mitleid mit ihr. Diese Augen, Miss Leonard, wenn Sie die Trauer in ihren Augen hätten sehen können!»

«Mr. Brown hat davon gesprochen. Sie können mit ihm sprechen, wenn Sie möchten, aber sonst bitte keine Gespräche über Geister.»

«Natürlich nicht. Im übrigen glaube ich, sie wird jetzt fortgehen. Sie ist von dem Ort befreit, ihre Strafe war schon so furchtbar. Vielleicht sind Geister Menschen im Fegefeuer, und wir sehen sie ständig um uns herum, ohne zu merken, daß sie Geister sind.»

«Vielleicht sehen Sie sie», sagte Miss Leonard und lächelte ein wenig.

Es läutete zum Beginn des Nachmittagsunterrichts. Draußen ertönte enttäuschtes Maulen. Als ich aus dem Fenster schaute, gingen die Kinder folgsam auf das Gebäude zu.

Nur eine Gestalt entfernte sich, schlüpfte durch die entgegenkommende Schar der Mädchen, die keinerlei Notiz von ihr nahmen. Immer weiter ging sie davon über das schneebedeckte Spielfeld. Eine blasse Sonne und der gleißende Schnee betonten die schmale Silhouette der Frau in Schwarz. Sie wirkte völlig verloren. Dann begann eine kleine Gestalt ihr zu folgen, lief ihr flink nach, und die Sonne verwandelte die roten Locken der Kleinen in eine rosenförmige Flamme.

Das Kind holte die Frau in Schwarz ein und tänzelte leichtfüßig neben ihr her. Und die beiden sich entfernenden Gestalten warfen keine Schatten auf den Schnee und hinterließen keine Fußspuren.

Norah Lofts

Eine seltsame Erfahrung

Ich habe einmal eine seltsame Erfahrung gemacht, und wer sie als alberne Kleinmädchengeschichte abtut, sollte erst noch mal darüber nachdenken. Ich war damals dreiundzwanzig und seit zwei Jahren verheiratet.

Als Greg beiläufig vorschlug, wir sollten heiraten, sagte ich: «Du weißt ja oder solltest wissen, daß ich nicht der häusliche Typ bin. Wenn du im Grunde ein liebes Frauchen haben willst, das mit einem Auflauf im Ofen und deinen gewärmten Hausschuhen neben dem säuberlich gefegten Kamin auf dich wartet, dann mußt du dich anderswo umschauen.»

Greg sagte, wenn ihn Aufläufe und gewärmte Hausschuhe interessieren würden, dann hätte er sich für Amanda entschieden. Zwischen mir und Amanda hatte es, muß ich zugeben, das gegeben, was der Herzog von Wellington über Waterloo sagte, «ein verdammt knappes Rennen». Aber ich hatte gewonnen; und seit zwei Jahren bekamen Greg und ich einen Vorgeschmack von dem, was im Märchen «und sie lebten glücklich immerdar» heißt. Glücklich wie die Lerchen, obwohl wir kein Nest hatten. Die Gesellschaft, für die Greg arbeitete, war dabei, ihn «aufzubauen» – ein feiner Ausdruck dafür, daß man einem die Karotte in sicherem Abstand vor die Nase hält und ihn von hinten mit dem Stock bearbeitet. Aussichtsreiche junge Männer müssen beweglich sein, sie müssen Erfahrungen auf allen Ebenen sammeln, also wurde Greg von einem Ort zum anderen versetzt, und ich zog mit ihm, versehen mit meiner Reiseschreibmaschine, meinem dicken Notizbuch und einem Sack Nachschlagewerke. Ich hatte bereits einen Roman veröffentlicht, hochgelobt, übel verrissen, nicht besonders einträglich.

Und dann verkündete Gregs Firma, zum Abschluß seiner Aufbauphase müsse er drei Monate in New York verbringen. Die Ehefrauen der bereits fertig Aufgebauten sind anerkannt und können ihre Männer auf Firmenkosten begleiten. Aber von den noch im Aufbau Befindlichen wird erwartet, daß sie marschbereit und ohne Anhang sind. Ich sagte: «Liebling, wir können es uns einfach nicht leisten. Ich such mir ein Zimmer und vergrab mich und schreibe das Buch fertig. Drei Monate könnten gerade reichen.» Ich schielte ihn an; wenn ich mich konzentriere, schiele ich nämlich. «Du brauchst bloß loszuziehen und dich in eine amerikanische Schlampe zu vergucken, dann kenne ich dich nicht mehr», setzte ich noch hinzu.

Ich wollte nicht, daß er das Gefühl hatte, er müsse während unserer Trennung für mich aufkommen. Das war kein Problem, solange ich mit ihm herumzog – nach Leeds, Bradford, Glasgow, Edinburgh, Bristol, Norwich. Meistens hatten wir in billigen Hotels gewohnt oder in billigen möblierten Wohnungen. Wenn irgendwo Mahlzeiten im Preis inbegriffen waren, aßen wir, was geboten wurde; sonst kaufte ich solche Sachen wie Hamburger oder Fischstäbchen. Oft bestand meine Kochmöglichkeit in einer Pfanne auf einer einzigen Gasflamme, aber ich hatte das Gefühl, gewissermaßen meinen Unterhalt zu verdienen. Für die nächsten drei Monate würde er, ohne daß ich ihm Gesellschaft leistete, im teuren Amerika leben; also sah ich mich nach einem Job um. Kenntnisse in Archäologie und alter Geschichte sind nicht gerade die beste Empfehlung auf dem Arbeitsmarkt, weshalb ich ganz zufrieden war, als ich eine Halbtagsstelle in einer öffentlichen Bibliothek in Baildon fand.

Dort hatte ich auch das Glück, nicht eine Wohnung, sondern ein möbliertes Haus für eine erstaunlich niedrige Miete zu finden – so niedrig, daß ich die schlimmsten Befürchtungen hatte, bis ich es sah. Der Makler arrangierte es, daß ich Mrs. Willis am nächsten Nachmittag in dem Haus an der Hillcrest Avenue traf.

Hillcrest Avenue war eine stille Sackgasse, von der Innenstadt bequem zu Fuß zu erreichen, auf einer leichten Anhöhe gelegen – in Suffolk nennt man so etwas schon einen Hügel. An der Straße standen vor allem Doppelhäuser, weder sehr alt noch modern, alle sehr gepflegt, mit einem kleinen Garten vorne, einem größeren hinten. Das Haus hatte ein Wohnzimmer, ein Eßzimmer, Küche, Bad und zwei Schlafzimmer und eine Kammer. Es war voll eingerichtet und eine höchst solide Sache.

«Alles vorhanden», sagte Mrs. Willis und zog eine Küchenschublade auf, «bis zum Eierlöffel.» Warum dann so billig, fragte ich mich. Ich hatte schon in Löchern gewohnt, die das Doppelte kosteten. Sie antwortete auf meine unausgesprochene Frage.

«Ich fühle mich nicht berechtigt, mehr zu verlangen,

weil es vom Standpunkt des Mieters so viele Haken gibt. Zunächst einmal die Mietdauer. Sie müßten sich schriftlich damit einverstanden erklären, daß Sie eine Kündigungsfrist von einer oder höchstens zwei Wochen akzeptieren. Das Haus gehört nämlich einer alten Tante von mir. Sie hat üble Arthritis, kann sich unmöglich selbst versorgen, und ich wohne viel zu weit weg. Und habe zuviel zu tun. Ich persönlich glaube nicht, daß sie aus dem Pflegeheim, in dem sie jetzt wohnt, je wieder auszieht. Aber sie ist davon überzeugt, daß sie eines Tages eine Haushälterin findet und wieder zurück kann. Sie zu Vernunft zu bringen wäre lieblos. Da habe ich ihr vorgeschlagen, das Haus zu vermieten, und die Idee gefiel ihr. Für mich ist das nur lästig.» Sie blickte sich um. «Es sieht aber gar nicht so übel aus, oder? Und um den Garten brauchen Sie sich nicht zu kümmern. Ein Mann kommt einen halben Tag in der Woche.»

Ich hatte das Gefühl, daß ihnen diese Vermietung wenig einbringen konnte.

«Wie lange lebt Ihre Tante denn schon im Heim?» fragte ich.

«Fast vier Jahre», sagte Mrs. Willis. «Zum Glück ist sie nicht arm. Ich schätze, sie gibt mindestens drei Pfund dafür aus, auf Anzeigen zu antworten. Legt ihren Briefen frankierte Umschläge bei, die meistens nicht mal zurückkommen. Aber das ist eben ihr Hobby. Es hält sie am Leben. Jetzt muß ich wirklich gehen. Ich hoffe, Sie fühlen sich wohl hier, und machen Sie sich um die Kündigung nicht zuviel Sorgen. Haushälterinnen, wie meine Tante eine sucht, sind mit den Krinolinen zusammen ausgestorben.»

Noch am gleichen Nachmittag zog ich ein. Das Eßzimmer hinter der Küche erklärte ich zu meinem Wohn- und Arbeitsraum; am einen Ende des soliden Tischs sollten meine Schreibmaschine und meine Bücher Platz finden, am anderen würde ich essen, wann und wonach mir war. Ich nahm nun den leicht muffigen Geruch wahr, den unbewohnte Häuser haben, und öffnete alle Fenster. Dann zog ich los, die Einkaufsgegend in der Nähe zu erkunden, und stellte fest, daß es alles gab, was ich brauchte. Eine Tiefkühltruhe und eine Salattheke im Lebensmittelladen; daneben Wäscherei, Gaststätte und Post. Eine Drogerie und ein Friseur rundeten das Angebot ab. Die Hausfrauen in dieser Gegend sind gut versorgt, und ich war nun eine von ihnen. Wenn das kein Glück war . . .

Das Pech begann, als ich in der Dämmerung des leuchtenden Juniabends aufstand und das Licht anschaltete. Ich habe die Angewohnheit, beim Tippen aufzublicken und geradeaus zu starren; und von dem Platz, den ich mir ausgesucht hatte, schaute ich auf ein Buffet von der Sorte, die man Chiffoniere nennt. Irgendwer – der letzte Mieter oder Mrs. Willis – hatte mit dem Staubtuch hastig über die Platte gewischt. Das Ding war aus Rosenholz, glaube ich, und am Rand der hochglänzenden Fläche waren Streifen von dickem grauen Staub zurückgeblieben. Ähnlich unvollständig war der zierlich gerahmte Spiegel abgewischt worden, der den Buffetaufsatz zur Wand hin abschloß. Aus irgendeinem Grund, den ich nicht erklären kann, störten mich die staubigen Stellen auf dem Rosenholz, die verschmierten auf dem Spiegel. Ich konnte mich einfach nicht konzentrieren. Also ging ich in die Küche, fand ein ziemlich schmutziges Staubtuch und machte ein bißchen sauber. Zugleich brachte ich auch meine Kaffeetasse und den Teller, von dem ich zwei Wurstbrötchen gegessen hatte, in die Küche. Dann setzte ich mich hin, tippte ein paar Zeilen und wußte, daß «der gute Geist» mich verlassen hatte.

Wo stehen noch einmal diese überzeugenden Verse, die Klage aller Schriftsteller?

Nun, da der gute Geist entschwunden
mir, der dem Dichten so verbunden,
was kann ich tun, als nutzlos dösen
und das Geschriebene wiederlesen?

Tödlich. Der Punkt, den wir alle fürchten. Also dranbleiben. Ich vergeudete eine Stunde mit fruchtlosen Mühen, dann gab ich auf und ging ins Bett.

Am nächsten Morgen wurde ich ziemlich früh wach und stand mit einem Gedanken auf, der mir völlig neu war – ich will kein ungemachtes Bett und keine unaufgeräumte Küche vorfinden, wenn ich zurückkomme. Was war nur in mich gefahren? Ich verließ ein vorbildliches Bett und eine blitzende Küche, als ich zur Bibliothek ging. Es war Samstag, mein längster Tag, Dienst von zehn bis drei. Gegen halb eins gab es ein bißchen weniger zu tun, und ich hatte Zeit, die leitende Bibliothekarin, eine freundliche, sehr gebildet wirkende Frau, zu fragen: «Miss Forbes, von wem ist das Gedicht, das so anfängt: ‹Nun, da der gute Geist entschwunden?› Es spukt mir im Kopf herum, und ich komme nicht darauf.»

Sie sagte: «Das habe ich nie gehört. Chaucer vielleicht?»

Nicht wichtig. Nur so ein müßiger Gedanke . . . Auf

dem Heimweg kaufte ich für das Wochenende das, was man «Fertiggerichte» nennt. Ich wollte ein ordentliches Stück weiterkommen. Im Haus störte mich noch immer der muffige Geruch, und als ich wieder die Fenster aufmachte, stellte ich fest, daß sie sehr schmutzig waren. Irgend etwas zwang mich, sie zu putzen . . .

Als ich Greg sagte, ich sei kein häuslicher Typ, war ich nur so ehrlich, wie ich es immer zu sein versuche. Ich bin in Jamaika geboren und aufgewachsen, bis ich acht war, und Hauspersonal gab es dort in Hülle und Fülle. Dann wurde ich nach England ins Internat geschickt, und da machten wir unsere Betten selber und wuschen abwechselnd ab. Danach College, Studentenbuden, Ehe und ein Nomadenleben. Der einzige normale Haushalt, dem ich je angehört hatte, war der meiner Großmutter in den Schulferien, und nicht nur wollte sie von mir keine Hilfe, sie war sogar von der Idee besessen, ich würde meine Zeit und das hartverdiente Geld meiner Eltern verschwenden, wenn ich nicht über meinen Büchern saß. Ich hatte noch nie in meinem Leben ein Fenster geputzt.

Aus dem säuerlich riechenden Schrank unter dem Spülbecken nahm ich den am wenigsten klebrigen Lappen, wusch ihn aus, und mit einem Eimer Wasser bewaffnet, fing ich bei dem Eßzimmerfenster an. Körperliche Tätigkeiten sind freilich nie meine Sache gewesen; ich war hoffnungslos in Sport, ein Witz auf dem Hockeyfeld. Ich bin nicht dafür gebaut – zu groß, zu lose zusammengefügt. Um jenes eine Fenster zu putzen, brauchte ich fast den ganzen Morgen, vor allem, weil verschmierte Stellen immer wieder woanders auftauchten. Aber auf meine Weise bin ich gründlich, und kurz vor Mittag sah das

Fenster schon viel besser aus. So viel besser, daß ich den Vorsatz faßte, sie alle zu putzen. Nach und nach – jeden Tag vielleicht eines.

Nach Nescafé und ein paar Fischstäbchen setzte ich mich wiederhergestellt an die Schreibmaschine; aber der Gestank dieses Küchenschranks verfolgte mich, ich konnte mich einfach nicht konzentrieren. Also ergab ich mich und begann, den widerwärtigen Winkel auszuräumen und zu säubern. Eine scheußliche Arbeit, aber ich wurde dadurch belohnt, daß ich in der hintersten Ecke ein Zeug namens Clearshine fand, und das Etikett darauf versprach, Fensterputzen werde damit kinderleicht. Einfach aufsprühen und abreiben. Ich stellte diesen Fund sorgsam zur Seite und trug alles übrige zur Mülltonne hinaus, die bis zum Rand voll war, vor allem mit Kartons und weggeworfenen Packungen von Eßbarem: eine halbleere Keksschachtel, vergammelter grüner Käse, eine übelriechende Fischdose. Dann riß ich mich zusammen und erinnerte mich daran, daß Feuer reinigt.

Im hintersten Winkel des Gartens entzündete ich ein Freudenfeuer. Als ich ins Haus zurückkam, schien die Sonne auf das saubere Fenster und zwinkerte mir ermutigend zu. Ich konnte Aufmunterung gebrauchen. Ich war zerschlagen, viel zu müde, um mich an die Schreibmaschine zu setzen.

Als Mrs. Willis mir das Haus zeigte, hatte ich im Wohnzimmer ein Fernsehgerät bemerkt. Ich würde vor dem Kasten die Füße hochlegen, wie es Tausende tun, dachte ich. Aber Entspannung war mir nicht zugedacht. Das Sofa und die Sessel in diesem Raum trugen hübsche, geblümte Überzüge, die bei näherer Bekanntschaft nicht aussahen, wie es sich gehört, und auch nicht so rochen.

Während einer mäßig unterhaltsamen Sendung mußte ich ständig an den Waschsalon in der Nähe denken und daran, daß am nächsten Tag Montag war und ich frei hatte. Wenige Leute entleihen montags Bücher, denn entweder haben sie die alten noch nicht ausgelesen, oder sie sind mit anderen Dingen beschäftigt. Zum Beispiel mit Waschen im Waschsalon . . .

Die Sache entwickelte sich zur Lawine. So stellte ich etwa fest, daß jeder Mieter des Hauses immer dieselben Wäschestücke gebraucht hatte, die ganz vorne im Schrank; und daß dahinter Decken lagen, über die sich die Motten hergemacht hatten, und Bettücher, die schwarze Streifen trugen, nur vom langen Liegen auf dem Stapel. Der Waschsalon bekam mich in jener Woche ausgiebig zu sehen.

Und noch etwas Lächerliches geschah. Im Lebensmittelgeschäft sah ich frische Gartenerbsen. Ich konnte mich gerade noch vage daran erinnern, wie sie schmeckten, mit einem Minzezweig gekocht. Und ich dachte – wie blöde, tiefgefrorene Erbsen zu kaufen, wenn es die Jahreszeit für frische ist . . .

Ich habe nie Psychologie studiert, aber ich hatte genug gelesen, um zu erkennen, was mit mir los war. Im Grunde, dachte ich, mag ich die Geschichte nicht, an der ich weiterschreiben sollte, oder sie befriedigt mich nicht.

Zweite Romane sind bekanntermaßen eine riskante Sache; einen ersten Roman kann jeder schreiben . . . Ich hatte den Mut verloren oder ein schlechtes Sujet gewählt oder es falsch angefangen, oder alles war aus. Ich gehörte eben zu jenem Abschaum von Leuten, die nie über ein Buch hinauskommen. Und in dieser Lage flüchtete ich, indem ich so tat, als hätte ich anderes zu tun. Keine angenehme Vorstellung. Vielmehr eine, vor der man flüchten mußte. Den Küchenboden schrubben, die Speisekammerregale scheuern – das waren noch Tätigkeiten, die mir Pluspunkte brachten; mein rechtes Handgelenk streikte sogar, und ich mußte zwei Wochen lang eine Lederbandage tragen. Vielleicht können gelernte Schreibkräfte oder auch zutiefst inspirierte Schriftsteller mit einer Hand tippen, ich jedenfalls konnte das nicht; ich konnte nur Kleinigkeiten erledigen, wie die Messer und Löffel in der Küchenschublade sortieren oder sieben – warum nur sieben? – schweißstinkende alte Socken fortwerfen, die jemand in dem Einbauschrank unter der Treppe versteckt hatte.

In dieser Phase tippte ein nettes Mädchen in der Bibliothek vier Briefe an Greg für mich, und ich gab mir viel Mühe, als ich meine Unterschrift darunter setzte, in der Hoffnung, er käme nicht auf die Idee, ich sei dem Alkohol oder Drogen verfallen. Ihre Orthographie war sehr eigenwillig.

Als ich die Bandage endlich ablegen konnte, wußte ich, was mit meinem Buch nicht stimmte. Es lag am Erzählansatz. Es war eine Geschichte, die in der ersten Person geschrieben gehörte, und ich hatte in der dritten Person erzählt. Der «gute Geist» hatte mich nicht verlassen; er kehrte nun zurück, mit aller Macht. Ein Ich-Erzähler kann nur berichten, was er oder sie mit eigenen Augen sieht, mit eigenen Ohren hört. Also brauchte ich mehr als eine Erzählergestalt, und wie durch himmlische Fügung hatte ich sie auch plötzlich; drei Gestalten, die «ich» sagten und deren getrennte, voneinander abweichende Geschichten ein Ganzes ergaben. Herrlich! Eine

Erfahrung, die einen für Selbstzweifel, Einsamkeit, Frustrationen entschädigt ... Ich wollte sofort anfangen.

Ich rannte praktisch nach Hause und hielt unterwegs nur an, um ein Stück Kalbfleischpastete, ein paar Eier, ein Brot und Käse zu kaufen. Es war ein Mittwoch, und donnerstags hatte ich ganz frei. Morgen würde ich mich in meinem makellosen, lieblich duftenden Haus an die Arbeit setzen und ganz neu beginnen. Ich würde mir beweisen, daß ich nicht zur Heerschar der Ein-Buch-Autoren gehörte.

Doch als ich meine Einkäufe in der Küche absetzte, schrie der Gasherd auf: Und was ist mit mir? Erst ich!

Ich hatte ihn schon einmal geputzt. Wie das ganze Haus war er oberflächlich sauber, in Wirklichkeit aber völlig verdreckt gewesen. Das war er nun nicht; nur ein bißchen verschüttete Milch hatte Flecken hinterlassen.

Na gut, sagte ich zu ihm, aber in Richtung Putzen ist das auch das letzte, was ich hier noch mache. Ich machte ihn sauber und achtete dabei auf meine schutzbedürftige rechte Hand. Dann ging ich ins Eßzimmer und spannte die ersten beiden Bogen, mit dem Kohlepapier dazwischen, in die Maschine. Mit wohlgemuten Fingern tippte ich los. Teil I. Erstes Kapitel. Oh, welche Freude! Und da klingelte es. Fluchend ging ich zur Haustür. Verdammt noch mal, ich werde dem Menschen, der da steht, gründlich zeigen, wo er sich nach einem neuen Abonnenten, einer Spende, einem früheren Mieter umgucken kann! Schielend riß ich die Tür auf, und da stand Mrs. Willis.

Sie sagte: «Guten Abend, Mrs. Fraser. Tut mir leid, daß ich Sie so spät noch störe.» Es war überhaupt nicht spät, aber vielleicht hatte mein Schielen sie auf die Idee gebracht, daß sie nicht sonderlich willkommen war. Ich sagte: «Kommen Sie doch rein.» Und sie erwiderte: «Nun, nur auf einen Augenblick, ich bin ziemlich in Eile, aber ich fand, es würde sich gehören, daß ich es Ihnen persönlich . . . erkläre. Etwas völlig Unvorhergesehenes ist passiert. Meine Tante hat eine Haushälterin gefunden.»

Was erwartete sie von mir? Daß ich vor ihr auf die Knie fiel? Mich mit Benzin übergoß und anzündete?»

Ich sagte: «Wie nett für sie. Wann ziehe ich aus?»

Wir befanden uns nun im Wohnzimmer mit seinem blitzenden Fenster, den frisch gewaschenen Vorhängen, den sauberen Chintz-Überzügen. Ich sah, wie sie das alles in sich aufnahm.

«Also», sagte sie zögernd, «ich habe zu ihr gesagt, frühstens in zwei Wochen. Ich dachte, Sie brauchen eine Woche Vorwarnung und ich mindestens eine Woche, bis ich . . . aber Sie haben ja anscheinend schon alles gemacht. Jetzt riecht es hier sogar anders. Es tut mir so leid.»

Mir kam ein Gedanke.

Ich sagte: «Würden Sie Ihre Tante als dominante Persönlichkeit bezeichnen, Mrs. Willis?»

Sie überlegte eine Sekunde. «Doch, schon. Ich meine, wie sie daran festgehalten hat, wieder in ihr Haus zu ziehen! Die meisten Frauen ihres Alters . . .»

«Und war, ich meine, ist sie als Hausfrau sehr gründlich?»

«Oh, sehr. Schrecklich penibel. Leert einen Aschenbecher aus, sobald Sie die Zigarette ausgedrückt haben. Wissen Sie, was ich meine?»

«Und ob ich das weiß», sagte ich; ich meinte, daß ich nun wußte, was in mich gefahren war. Ich war einen Monat lang besessen gewesen.

Mrs. Willis sagte: «Ich hoffe, es macht Ihnen nicht zuviel aus. Ich wollte . . .»

«Es macht mir überhaupt nichts aus», sagte ich ganz aufrichtig. Morgen steht die Welt mir offen, dachte ich. Ein billiges Hotel, ein möbliertes Zimmer, anonym und anspruchslos, eine Hütte in einem Ferienlager, ein Wohnwagen, ein Zelt mitten auf einem Feld.

Mrs. Willis faßte an einen Chintz-Überzug. Sie sagte: «Sie müssen beträchtliche Ausgaben gehabt haben. Ich fände es nur fair, wenn ich Ihnen die Miete für, sagen wir, eine Woche zurückgebe.»

Ich dachte an die falsche Erzählform, an der ich in einer anderen Umgebung vielleicht festgehalten hätte; an den schlechten zweiten Roman, der eine Karriere zerstören kann; und an den guten, geglückten, wunderbaren, der auf mich wartete.

Ich sagte: «Das ist sehr freundlich, Mrs. Willis. Aber in Wirklichkeit verdanke ich dem Haus mehr als es mir. Hier zu wohnen war für mich eine wichtige Erfahrung . . .»

Übersinnliches . . .

... und Realitätssinn liegen im Charakter unserer englischen Nachbarn eng beieinander und machen ihren besonderen Charme aus. Nicht umsonst gehört zu jedem Castle, das etwas auf sich hält, ein echtes Schloßgespenst. Ebenso nüchtern aber verwaltet der Schloßherr seine Finanzen.

Dabei sind die Briten genügsame Leute. Man hat Geld, aber man zeigt es nicht. Und man ist sparsam. Immerhin wurde die erste englische Sparkasse bereits 1789 in London gegründet.

Wir Deutschen brauchen uns bei einem Vergleich nicht zu verstecken. Die erste Sparkasse in Hamburg beispielsweise wurde bereits 1777 gegründet.

Sparen hat auch bei uns Tradition.

Fay Weldon

Brüche

Wir wachsen und erblühen
und welken und vergehen,
doch nichts verwandelt Dich, sang Davids Gemeinde zitternd und schleppend. Durch irgendeine akustische Sonderbarkeit war das meiste von dem, was in der Kirche vorging, in der Küche des Pfarrhauses zu hören, wo Deidre wieder einmal saß, Socken stopfte und darauf wartete, daß die Abendandacht zu Ende ging.

Das im späten 19. Jahrhundert erbaute Pfarrhaus lehnte sich an die schier unzerstörbare normannische Kirche. Das Haus war weitläufig, baufällig und befallen von Trockenfäule, Schwamm, Holzwürmern und Schaben. Hier wohnten David und Deidre, er anglikanischer Geistlicher, sie seine Frau. Er kümmerte sich um das geistige Wohlergehen seiner Pfarrkinder; sie leitete die Müttervereinigung, den Frauenbund und die Laienspielschar. Sie waren seit einundzwanzig Jahren verheiratet. Sie hatten keine Kinder, was eine harte Enttäuschung für sie beide sowie für Deidres Mutter bedeutete und eine gelinde Enttäuschung für die Gemeinde. In einer kleinen, stabilen, rasch alternden Gemeinschaft ist es immer nett, anderer Leute Kinder aufwachsen zu sehen, und traurig, wenn einem dieses Vergnügen versagt bleibt.

«Oh, nein, bitte nicht», sagte Deidre soeben zu dem Krönungsbecher auf der Anrichte. Er war ein seltenes Stück, produziert als Andenken an ein Ereignis, das dann nicht stattfinden sollte, die Krönung des Herzogs von Windsor. Bislang war er ohne Sprünge und gut dreihundert Pfund wert, aber gerade hatte er sich ganz an den Rand des Bretts bewegt, nicht gleichmäßig und zielgerichtet, sondern in schaukelnden Rucken, was Deidre hoffen ließ, sie könne ihn durch flehentliche Bitten noch beruhigen und retten. Und tatsächlich rührte sich der Becher nicht mehr, nachdem sie ihn angesprochen hatte, sondern verhielt sich so normal still, wie sie es von unbelebten Gegenständen einst zu erwarten gewohnt gewesen war.

Unsterblich, unsichtbar,
Gott ist die Weisheit –
Kein Lichtstrahl ihn erreicht –

Deidre sang das Kirchenlied leise und besänftigend mit und versuchte, sich glücklich zu fühlen, denn je glücklicher sie war, desto weniger Dinge würden zu Bruch gehen, und eines Tages würden sie vielleicht ganz aufhören zu zerbrechen, und David würde es nie, nie erfahren – daß eines nach dem anderen die schmückenden Gegenstände und Besitztümer, die er am meisten schätzte und liebte, von den Regalen sprangen und in Stücke gingen, worauf sie von Deidre heimlich geklebt wurden, mit einem Geschick, das ihr noch aus den frühen Jahren geblieben war, aus der Zeit vor ihrer Heirat, die ihre Ausbildung zur Porzellanrestauratorin unterbrochen hatte.

Das war lange her. Nun stopfte Deidre. Davids Füße duldeten nichts anderes als pure, feine Wolle. Die Nylonmischungen, die andere Männer trugen, kamen für ihn nicht in Frage.

Deidre stopfte.

Der Krönungsbecher schaukelte wild hin und her.

«Hör auf», sagte Deidre warnend. Manchmal half Strenge mehr als Bitten. Der Becher blieb, wo er war, aber noch ein Ruck, und er wäre heruntergefallen.

Deidre machte die letzten paar Stiche wieder auf. Das Stopfgarn hatte sich verheddert, und nichts ist für empfindliche Haut so unangenehm wie verheddertes Garn.

«Du machst das mit Absicht», beklagte sich David dann, und nicht ohne Grund. Deidres Fehler waren ausgerechnet diejenigen, die er am schwersten ertragen konnte. Sie war sorglos, unordentlich und verschwenderisch. Sie zerbrach Geschirr, verlor Socken, schraubte Deckel nicht zu, ließ Wasserhähne laufen, Türen offen, Pfannen endlos weiterbrutzeln; sie kaufte frisches Brot, wo doch das verbilligte vom Vortag völlig genügte. Sie sei eben so, behauptete sie, und es schmerzte sie bitter, wenn ihr Mann andeutete, sie tue all das aus Mutwillen und um ihn zu ärgern.

Der Krönungsbecher sprang von seinem Regalbrett, flog im Bogen durch die Luft und brach vor Deidres Füßen in zwei Stücke. Sie steckte die Stücke ganz hinten in die Schublade unter dem Spülbecken. Jetzt hatte sie keine Zeit, sie zu kleben. Sie mußte bis morgen früh warten, wenn David seine Gemeindebesuche machte, in Häusern, die ihm zu Ehren frisch geputzt und auf Glanz gebracht waren. Zum Glück inspizierte er die Schublade unter dem Spülbecken nicht so oft wie die übrigen im Haus, nach Schmutz und Unordnung Ausschau haltend. Diese Schublade roch nach Trockenfäule, wenn man sie aufzog, und erinnerte ihn allzu gewaltsam an die großen Summen, die für Reparaturen am Haus längst fällig waren. «Wir könnten doch etwas verkaufen», wagte sie manchmal vorzuschlagen, aber der Gedanke brachte ihn auf. Seine Mutter war gestorben, als er vier war, sein Vater hatte Bankrott gemacht, als er acht war; Verwandte hatten ihn großgezogen und ins Internat geschickt, wo er sexuell und emotional mißhandelt worden war. Besitz machte seine Sicherheit aus.

Sie verstand ihn, verzieh ihm, liebte ihn und versuchte, nicht mit ihm zu streiten. Sie hatte ihre eigenen Probleme, mit ihrer Mutter.

Sie stopfte seine Socken. Der Stapel war größer als sonst. Immer wieder verschwanden Socken, nicht etwa in Paaren, sondern einzeln. Das hatten sie schon immer getan. In letzter Zeit hatte David ganz hinten im Kleiderschrank einen Kissenbezug entdeckt, vollgestopft mit einzelnen Socken. Was ihm am meisten Sorge mache, seien die Täuschungsversuche seiner Frau, sagte er zumindest. Socken zu verstecken! Das und die unbekümmerte Verschwendung. Socken zu verlieren! Also versuchte Deidre, die Socken zum Waschen zusammenzuknoten, und so hatten sie am Abend zuvor auch, geschleudert und getrocknet, ordentlich im Wäschekorb gelegen. Am Morgen hatte sie einen einzigen, häßlich verknoteten Klumpen vorgefunden, und jede Socke war merkwürdig lang geworden, als hätte eine Hand daran gezerrt, die zu wütend war, um noch zu wissen, was sie tat. Durch nochmaliges Spülen waren sie zum Glück wieder auf ihre ursprüngliche Form geschrumpft, und nun stopfte Deidre die Stellen, wo die Wolle durch die Mißhandlung dünn geworden war.

So war es immer. Davids Gegenstände wurden angegriffen, als wäre die böswillige Hand auf ihrer Seite; und doch war sie es, Deidre, die den Schaden reparieren, seinem Ursprung im Haus nachspüren, flicken mußte, was die Hand zerbrach; sie mußte die Tomatensauce von der Decke und die Zahnpasta von der Toilettenschüssel wischen, mußte Davids Setzlinge neu einpflanzen, Deckel zuschrauben, Türen schließen, Bettwäsche neu falten, Wasserhähne abdrehen. Sie wagte kaum, das Haus zu verlassen, aus lauter Angst vor dem, was sich in ihrer Abwesenheit ereignen könnte; und dies deutete David als mangelndes Interesse an seiner Gemeinde. Sie war nicht loyal, weder Gott noch ihrem Mann gegenüber. Sie machten schwere Zeiten miteinander durch.

Deidre blutete am Finger. Sie mußte sich an der scharfen Kante des zerbrochenen Krönungsbechers geschnitten haben. Sie zog die Schublade des Küchentischs auf, nahm das erste Stück Stoff, das sie zu fassen bekam, und wickelte es um den Finger. Der Kaltwasserhahn begann zu laufen, aber sie beachtete ihn nicht. Blut breitete sich auf dem Tuch aus, aber schließlich hörte es auf.

Die unsichtbare Hand fuhr über das Küchenregal und verrückte alle möglichen Schätze, zerbrach aber nichts. Dieses Regal hatte die Hand noch nie berührt, als wäre sie wie Deidre von dem ständig zunehmenden Wert der Gegenstände darin eingeschüchtert – seltene blau-weiße Porzellangefäße, Becher in Froschform, mit Lüster überzogene Tassen, eine fragwürdige Ming-Schale.

Die Hand wurde frecher.

David gestand Deidre kein Haushaltsgeld zu. Sie bat ihn um Geld, wenn sie welches brauchte, aber David erkannte die Notwendigkeit selten an. Er sah nicht ein, wozu Dinge wie Spülmittel, Zucker, Toilettenpapier oder neue Scheuerschwämme nötig waren. Manchmal stahl sie Geld aus seiner Tasche; einmal nahm sie am Sonntag morgen eine Münze aus dem Opferbeutel, statt eine hineinzutun.

Betrügerisch, unehrlich; Deidre wußte, was für eine Sorte von Mensch sie war, und verachtete sich dafür. Eine schlechte Ehefrau, eine unfruchtbare Ehefrau und ein erbärmlicher Mensch.

David kam nach Hause. Wie immer, wenn er sich näherte, verstummte das Haus. Wasserhähne hörten auf zu laufen und Porzellan zu klappern. David küßte sie auf die Stirn.

«Deidre», sagte David, «was hast du da um den Finger gewickelt?»

Deidre wickelte das Stück Stoff ab und stellte fest, daß es ein feines Spitzentaschentuch war, das einst Davids Großmutter gehört hatte; es hatte in der Schublade gelegen, weil sie es ausbessern wollte. Nun war es durchweicht und leuchtend rot eingefärbt.

«Ich habe mich geschnitten», sagte Deidre wenig folgerichtig und sogar töricht, denn was, wenn er nun wissen wollte, woran sie sich geschnitten hatte? Aber er war zu sehr damit beschäftigt, das Taschentuch unter dem Wasserhahn zu spülen und auszudrücken, um sie danach zu fragen. Deidre steckte den Finger in den Mund und tröstete sich mit dem salzigen, aufregenden Geschmack ihres eigenen Bluts.

«Die Flecken gehen nie wieder raus», sagte er bekümmert. «Hättest du nicht ausnahmsweise etwas nehmen können, was du nicht verderben kannst? Ein Papiertaschentuch zum Beispiel?»

David erlaubte nicht, daß Papiertaschentücher gekauft wurden. Es hatte sie in seiner Jugend nicht gegeben, warum sollten sie jetzt, in seinen mittleren Jahren, notwendig sein? «Es tut mir leid», sagte Deidre. Sie sagte ständig, es tue ihr leid, und schuf ständig neuen Anlaß für ihre Gewissensbisse.

Er nahm das Taschentuch mit hinauf ins Badezimmer, auf der Suche nach Seife und einer Nagelbürste. «Was bist du nur für eine Frau, Deidre?» fragte er verzweifelt im Gehen.

Ja, was für eine? Getraut auf einem Standesamt, bevor David noch in den Dienst der Kirche und eines himmlischen Vaters getreten war, der sich als verläßlicher erwies als sein irdischer. Deidre hatte vorgeschlagen, daß sie die kirchliche Trauung nachholten, wie es andere taten, aber David wollte es nicht. Sie war eigentlich überhaupt keine richtige Ehefrau.

Eine unfruchtbare Frau. Ein Feigenbaum, von Gottes schlechter Laune geschlagen. Von Davids Gott. Am Anfang hatten sie einen Gott geteilt, der traurig, vernünftig und freundlich war. Doch nun hatte David immer mehr seinen eigenen eifersüchtigen und strafenden Gott, dem er mit Ritualen und Prunk, mit Weihrauch und Bildern schmeichelte, eine erstaunte Gemeinde mit sich ziehend. Dreimal wechselte er während des Gottesdienstes die Gewänder, kündigte mit Glöckchengeklingel die Gegenwart des Herrn an, rauschte von einem Schiff der Kirche zum anderen und schien überhaupt wenig dagegen zu haben, daß man ihn mit Gott verwechselte, in der Kirche wie zu Hause.

Die Wasserrohre kreischten und ächzten, als David im Bad den Hahn aufdrehte, aber das lag eher an schlechter Installation als an übernatürlichen Umständen. Dafür konnte sie doch wohl nicht auch noch verantwortlich gemacht werden.

Als die Phänomene – denn so nannte sie es – begannen oder vielmehr die Größenordnung normaler häuslicher Schlamperei verließen und zu etwas Unerklärlichem, Bedrohlichem wurden, ging Deidre zu ihrem Arzt.

«Herr Doktor», sagte sie, «macht Mumps in der Adoleszenz Männer unfruchtbar?» – «Das kommt darauf an», antwortete er unentschieden. «Wenn die Gonaden in Mitleidenschaft gezogen werden, kann das passieren. Warum?»

Für Deidres Unfruchtbarkeit war kein Grund gefunden worden. Es lag vermutlich, wie so vieles, an ihrer inneren Einstellung. Sie ließ sich die Eileiter durchblasen, eine unvergeßlich schmerzliche Prozedur, damit die Empfängnischancen sich verbesserten, aber es hatte nichts geändert. Fünfzehn Jahre lang ertrug sie den monatlichen Zyklus von Hoffnung und Enttäuschung und bürdete sich Davids Kummer darüber auf, daß sie, seine Frau, ihm seine irdische Unsterblichkeit vorenthielt, seine Kinder. «Natürlich bist du ein Einzelkind», sagte er traurig. «Einzige Kinder sind oft unfruchtbar. Die Sünden der Väter . . .» David betrachtete Fruchtbarkeit als einen Segen; als Zeichen dafür, daß eine Frau sich im Einklang mit Gottes Schöpfung befand. Er hatte Deidre nach der Trennung von einer jungen Frau geheiratet, die dann sieben Kinder geboren hatte, deutete er gelegentlich kränkend an.

Davids Fruchtbarkeit wurde nie in Frage gestellt oder überprüft. Bestimmt hätte eine Zählung seiner Spermien nichts bewiesen. Er hatte Sperma im Überfluß und keine sexuellen Probleme, deren er sich bewußt gewesen wäre. In ein Reagenzglas zu ejakulieren, um irgend etwas zu beweisen, kam der Onanie bedenklich nahe.

Die Sache mit der Mumpserkrankung kam um die Zeit von Deidres Menopause auf, ungefähr einen Monat nach ihrer vermutlich letzten Periode. David war wegen Mumps im Schulsanatorium gewesen; sie hatte ihn einer verstörten Mutter davon erzählen und hinzufügen hören: «Ach, Mumps! Eine Kleinigkeit für einen Jungen unter vierzehn. Seien Sie dankbar, daß er es jetzt hat und nicht später.»

Also war es ihm klar, daß Mumps gefährlich war. Und Deidre wußte sehr wohl, daß David nach seinem vierzehnten Lebensjahr in der Welt der Schulsanatorien gelebt hatte, nicht vorher. Warum hatte er das ihr gegenüber nie erwähnt? Und während sie noch darüber grübelte und zögerte, ihn zu fragen, begann Zahnpasta aus den Tuben zu quellen, wurden im Garten Rosensträucher entwurzelt, seine Setzlinge von ungesichteten Stiefeln niedergetrampelt, seine Kleider aus dem Kleiderschrank zu einem Haufen auf dem Boden geworfen, und Deidre begann Geld zu stehlen, um Klebstoff zu kaufen, bis sie schließlich zum Arzt ging.

«Die meisten Männer», sagte der Arzt, «verwechseln Impotenz mit Unfruchtbarkeit und glauben, daß Mumps die erstere verursacht, nicht die letztere.»

Zurück auf Feld eins. Vielleicht wußte er es nicht. «Warum sind Sie eigentlich in Wirklichkeit zu mir gekommen?» fragte der Arzt, der kürzlich an einem Seminar über Arzt-Patienten-Beziehungen teilgenommen hatte.

Deidre berichtete ihm von den Phänomenen bei sich zu Hause, was sie nicht vorgehabt hatte. Er verschrieb Valium und bat sie, in einer Woche wiederzukommen. Das tat sie.

«Nun, ist es besser? Hilft das Valium?»

«Wenigstens, wenn ich die Sachen fallen sehe. Es macht mir jetzt nicht soviel aus.»

«Aber Sie sehen sie immer noch fallen?»

«Ja.»

«Sieht Ihr Mann sie auch fallen?»

«Er ist nie da, wenn sie fallen.»

Was sollte ein aufgeklärter Arzt auch damit anfangen?

«Wir könnten es mit einer Hormontherapie versuchen», sagte er.

«Nein», sagte Deidre.

«Was möchten Sie denn, das ich sonst unternehme?»

«Wenn ich nur auf meinen Mann wütend werden könnte», sagte Deidre, «statt ihn nur immer zu verstehen und ihm zu verzeihen, dann würde es vielleicht aufhören. So, wie es jetzt ist, setze ich zuviel kinetische Energie frei.»

Im Wartezimmer saßen Patienten. Sie hatten Migräne, Ekzeme und Furunkel. Er verschrieb ihr noch mehr Valium, das sie nicht einnahm.

Deidre, oder ein ausdrucksstarker Teil von Deidre, ging nach Hause, wühlte den Rasen auf und riß das Gartentor aus den Angeln. Die andere Deidre harkte und glättete, reparierte und beschuldigte ein völlig unschuldiges Kind, das Gartentor kaputtgemacht zu haben. Nur ein Riese von zwei Zentnern hätte die Scharniere so verbiegen können, aber glücklicherweise dachte niemand so weit. Das Kind ging ohne Abendessen ins Bett, weil es auf dem Gartentor des Pfarrers geschaukelt hatte.

An Deidres Finger klaffte unangenehm weit die Wunde. Sie glaubte, sie könne im blutleeren Fleisch den weißen Knochen sehen.

Deidre ging hinauf ins Bad, wo David das Blut seiner Frau aus dem Taschentuch seiner Großmutter wusch. «David», sagte Deidre, «vielleicht sollte mein Finger genäht werden?»

David hielt den Zahnputzbecher in der Hand. Sein Mund stand offen, seine Augen waren vor Schreck geweitet. Irgendwie hatte er sich Zahnpasta auf seinen schwarzen Anzugaufschlag geschmiert. «Dieser Becher hier ist zerbrochen und geklebt worden. Warum hat man mir das nicht gesagt? Warst du das?»

Der Zahnputzbecher stammte aus dem späten 18. Jahrhundert; er war abgenutzt, gesprungen und angeschlagen, aber David liebte ihn. Er war einer der ersten Gegenstände, die hinfielen, und Deidre hatte ihn nicht mit ihrer sonstigen Sorgfalt geklebt, weil sie irrigerweise annahm, ein Sprung mehr unter so vielen würde kaum auffallen.

«Ich bin entsetzt», sagte David.

«Tut mir leid», sagte Deidre.

«Du zerschlägst immer nur meine Sachen, nie deine eigenen.»

«Ich dachte, wenn man heiratet», sagte Deidre in ihrer Verzweiflung unvorsichtig, denn sicher würde David jetzt seinen sämtlichen Besitz inspizieren, und alles würde herauskommen, «dann gehören Sachen nicht mehr einem, sondern beiden gemeinsam.»

«Verheiratet! Du und ich haben nie geheiratet, nicht vor Gott, und dafür danke ich ihm.»

Da. Nun hatte er ausgesprochen, was jahrelang unausgesprochen geblieben war, aber es erleichterte keinen von ihnen. Im Erdgeschoß hörte man Porzellan in Stücke gehen. David rannte hinunter in die Küche, aus der das Geräusch kam, aber er konnte keinen Schaden entdecken. Er ging ins Wohnzimmer. Deidre folgte ihm pflichtbewußt. «Du hast mein Leben zerschlagen», sagte David. «Wir haben nichts gemeinsam. Du bist mir von Anfang an eine Last gewesen. Ich wollte ein glückliches, warmes Heim voller Liebe. Ich wollte Kinder.»

«Und als nächstes sagst du jetzt wohl, daß ich keine Kinder habe, ist Gottes Strafe?»

«Ja», sagte David.

«Und mit deinem Mumps hat es nichts zu tun?»

David stand stumm da, wie vor den Kopf geschlagen. Aus dem Augenwinkel sah Deidre, wie die Ming-Vase sich bewegte.

«Du bist eine Sadistin», sagte David schließlich. «Nicht einmal die Schmerzen und Erniedrigungen längst vergangener Zeiten sind vor dir sicher. Du beschwörst sie wieder herauf.»

«Du wußtest es die ganze Zeit», sagte Deidre, «daß du unfruchtbar bist, nicht ich. Du wolltest mir die Schuld zuschieben. Und für mich ist es jetzt zu spät.»

Die Ming-Vase hüpfte an die Kante des Regalbretts: Deidre sprang hin, um sie zurückzuschieben, aber sie war nicht schnell genug. Die Vase fiel herunter und zerbrach.

Vor Schmerz und Wut schrie David auf. Es war, als wäre er selbst zerbrochen.

«Das hast du absichtlich getan, du haßt mich.» Er weinte.

Deidre ging nach oben und packte ihre Kleider ein. Sie würde bei ihrer Mutter bleiben, bis sie ein neues Leben für sich geplant hatte. Sie würde überall in der Welt glücklicher sein als hier, wo sie das Haus mit einem Gespenst teilte.

David ging weinend im Haus umher, aber er weinte um seine Schätze, nicht um seine Frau. Er holte einen Korb und legte zärtlich – als wären es die Leichen seiner Kinder – die vielen zerbrochenen und geklebten Vasen und Schalen und Teller hinein, die er fand. Manchmal waren die Stücke so geschickt zusammengefügt, daß er die Risse mit dem Zeigefinger kaum ertasten konnte; andere waren achtlos gekittet. Aber nichts war mehr heil. Was einst in perfektem Zustand gewesen war, hatte nun keinerlei Wert mehr. Was er in Trödelläden gefunden hatte, die Geschenke alter Damen, die wenigen Nippesgegenstände, die noch von seiner Mutter stammten – die zielstrebige Bosheit und Arglist seiner Frau hatte seine gesamte Vergangenheit zerstört.

Er trug den Korb in die Küche, setzte sich hin und stützte den Kopf in die Hände.

Deidre ging, ohne ein weiteres Wort zu sagen. Zur Tür hinaus, durch das kaputte Gartentor, in die Nacht, durch den Friedhof – denn die Macht der Toten verstörte sie weniger als die Macht der Lebenden – und zur Bushaltestelle.

David blieb sitzen. Auf einmal war der Modergeruch aus der Schublade am Spülbecken so stark, daß er den Kopf hob.

Aus dem Kaltwasserhahn kam plötzlich Wasser. Eine kaputte Dichtung, sagte er sich. Er ging hinüber und wollte den Hahn abdrehen, aber das war bereits geschehen. «Deidre!» rief. «Was hast du mit dem Küchenhahn angestellt?» Er wußte nicht, warum er es laut sagte, denn Deidre war fort.

Der gesamte Aufsatz der Küchenanrichte kippte vornüber zu Boden. Porzellan zerschellte, und Tongeschirr zerfiel zu Staub. In der Kirche nebenan hörte er das Glöckchen erklingen, das die Gegenwart Gottes verkündete.

Er dachte an ein Erdbeben, aber die Deckenlampe hing still und unbewegt herab. Im Obergeschoß polterten schwere Schritte herum, er hörte jemanden zerren, schieben, Türen knallen. Die schwarzen Bäume vor dem Fenster schwankten so ungestüm, daß er sich im Haus sicherer vorkam als im Freien. Die Gashähne des Herds waren aufgedreht, und er roch Gas, gemischt mit dem Rauch des Kohlenfeuers, wo Deidres Stopfzeug auf einem Haufen lag und nun zu schwelen begann. Er schloß die Augen.

Er hatte keine Angst. Er wußte, daß er diese Dinge sah und hörte, daß sie aber in der wirklichen Welt nicht vorkamen. Sie waren eine Verzerrung der Tatsachen, wie bei der Kommunion Wasser zu Wein wird und Brot zum Leib des Erlösers.

Als er das nächste Mal die Augen aufschlug, stand der Aufsatz wieder auf der Anrichte, die Socken lagen noch im Stopfkorb und die Luft war unbewegt.

Halluzinationen, ausgelöst durch Schock. Aber dennoch unangenehm. Deidres Schuld. David ging nach oben, um sich schlafen zu legen, aber er konnte die

Schlafzimmertür nicht öffnen. Vielleicht hatte Deidre sie aus Trotz hinter sich abgeschlossen, dachte er. Er war müde. Friedlich schlief er in dem Zimmer, das leer stand, ohne die irritierende Wärme von Deidre neben sich.

Am Morgen kam der Fensterputzer, um die Scheiben zu putzen, an die Deidre nicht herankam. Durch die Tür konnte er nicht ins Schlafzimmer, also hielt David ihm die Leiter, und er stieg durchs Fenster ein.

«Komische Einbrecher», sagte der Fensterputzer später zu den Polizisten. «Hatten alles durcheinandergeworfen, Möbel, Kleider, den ganzen Kram. Der Kleiderschrank stand auf dem Kopf und blockierte die Tür. Und der Teppich! Ein riesiges, schweres Ding. Den hatten sie doch einfach hochgehoben, ihn ausgewrungen, als wäre er ein Spültuch, und zwischen Boden und Decke geklemmt! Der Pastor und drei starke Männer haben den ganzen Morgen versucht, ihn da wegzukriegen, aber sie haben's nicht geschafft. Also, was für Einbrecher bringen denn so was fertig? Wenn Sie mich fragen –» Aber das taten sie natürlich nicht. Sie bezeichneten die Sache in ihrem Protokoll als U. P., unerklärliche Phänomene.

«Sie war eine sehr starke Frau», sagte David zu seiner neuen jungen Organistin. «Sie hat alles mögliche mit meinen Sachen angestellt und ist dann irgendwie aus dem Fenster gestiegen. Sie wollte mich erschrecken und an Geister glauben machen. Zu so etwas war sie imstande, muß ich leider sagen.»

Später sollten sie heiraten, aber sie blieben kinderlos, was er mit fortschreitendem Alter als Erleichterung empfand, sie jedoch, wie auch die Gemeinde, als Enttäuschung.

Lisa St. Aubin de Terán

Diamond Jim

Sie nennen es Tarlojee, jenes graue Stück Land, das sich vom Esequebo aus wie ein Fächer ausbreitet, und unter jedem Stein und Baum liegt dort eine seltsame Geschichte begraben. Die Gegend ist steinig, und wo die Felder angelegt wurden und das Zuckerrohr wächst mit seinen grauen, bauschigen Blüten, da sind an manchen Stellen die Steine zu Hügeln gehäuft, die heiligen Stätten gleichen. Kein Wunder also, daß die Leute die Vergangenheit vergessen, wo es soviel davon gibt, Haufen davon. Denn wer wann kam, ob es Holländer oder Schotten oder Portugiesen waren und ob sie gut waren oder böse, dablieben oder starben, das weiß keiner und darum kümmert sich niemand auf Tarlojee.

Die Sonne dort ist zu heiß, um einem den Kopf mit Geschichten zu füllen. Es genügt, im Gedächtnis zu behalten, wo sich am Fluß die Stellen mit Treibsand befinden, wo es am meisten Schlangen gibt und welche der vielen Pfade und Wege durch die Plantage sicher sind. Jeder weiß, daß die Ländereien den Hintzens gehören; und keiner kommt umhin zu wissen, daß die Hintzens gemein und hart sind. Und dann weiß auch noch jeder über Diamond Jim und Miss Caroline Bescheid, die Tochter des alten Hintzen.

Daß Caroline wild war, heißt es. Sie hatte anscheinend an Stelle von Blut nicht abgekochtes Wasser mit Stahlspänen darin, wie es Deutsche so oft haben, besonders die alten, die den Dschungel so viele Jahre hindurch zurückgedrängt haben, daß sie vergessen, was es heißt, ein richtiger Mensch zu sein. Sie besaß nicht einmal das sanfte Blut der anderen reichen Familien von spanisch-holländisch gemischter Herkunft. Ich habe sagen hören, ihre Mutter hätte irgendwo das Auge des Hurrikans in den Blick ihrer Kleinen versenkt, Siestasonne in ihr Blut und eine Ziegenfelltrommel in ihr Herz. Nicht mal New Amsterdam an einem Samstagabend war so wild wie sie. Sie konnte einen Bohneneintopf in ein Festgelage verwandeln, indem sie dazu ihr Gelächter anstimmte. Daß jene beiden Liebenden nicht gleich erwischt wurden, lag, denke ich, daran, daß sie so wild waren und niemand sich vorstellen konnte, worauf sie hinauswollten. Der allerletzte auf Tarlojee, der es mitbekam, war der alte Hintzen selber, und das lag daran, daß er keine Ahnung hatte, was Phantasie überhaupt ist, geschweige denn, daß er welche besessen hätte. Also verstreuten Miss Caroline und Diamond Jim zwei Jahre lang ihre Ernte von Diamantensamen über die Felder und in den Schuppen und, soweit ich weiß, in einigen der leeren Zimmer ganz oben im Herrenhaus, die keiner jemals betritt.

Scheint so, als hätte der liebe Gott diesen schönen Samen nicht verschwendet sehen wollen, und Miss Caroline fing an, dick zu werden unter der roten Schärpe um ihre Taille.

So was passiert überall, und wenn es bei reichen Leuten passiert, gibt es immer Ärger. Leute von Diamond Jims Sorte aber, denen gefiel sein Stil, wie er immer vor sich hin summend unter dem Guavenbaum saß mit seiner Diamantennadel so groß wie ein Kinderauge und sich die Bandanna neu um den Hals knotete. Er hatte Rum für jeden übrig, richtigen Rum und nicht nur Fusel. Und er hatte Kram aus der Stadt in den Taschen. Es gab eine Menge schwarzer Männer, die auf den Feldern arbeiteten, eine Menge schwarzer Männer, die staubig und grau nach Hause gingen – vom Dreck. Es gab auch ein paar Braune, Männer in allen Tönen der Erde: rot, braun, grau; und ich nehme an, wir sahen alle ziemlich gleich aus, mit unseren aus demselben Ballen Stoff geschnittenen und mit Stücken Kordel von derselben Rolle gegürteten Hosen. Freilich, man konnte sich schon voneinander unterscheiden, in der Farbe der Bandanna, die man um den Hals trug, oder dem Winkel, in dem man sich den Strohhut aufsetzte, oder sogar im Schnitt des Hemds. Aber wenn man nur darauf sah, wer was besaß, dann waren wir alle arm und hatten alle eine Menge Mäuler zu füttern, und wir sagten immer im Scherz, die Zuckerrohrfasern, die uns in den Rücken stachen, wären die Eisenspäne, die der alte Hintzen statt Spucke hätte, weil er so grob redete. Womit es ganz natürlich war, daß wir alle Diamond Jim bewunderten. Der war nicht bloß schwarz, er funkelte. Ich schwöre, seine Haut funkelte wie die Ringe an seinen Fingern und wie der große Stein an seiner Kehle. Und wenn er lächelte, dann sah er aus, als könnte er ganz Tarlojee mit diesem Lächeln verschlingen. Die Kinder sagten immer, er könne alles in sich aufnehmen und es in Form von Diamanten wieder ausspucken.

Ich weiß nicht, warum wir ihn Jim riefen, denn eigentlich hieß er Walter, glaube ich. Ich weiß auch nicht, wer seine Verwandten waren. Von irgendwem muß er der Sohn gewesen sein, und wenn seine Leute in der Gegend gewesen wären, hätten sie ihn bestimmt für sich beansprucht, wenn er heimstolziert kam mit all seinem Geld und Selbstvertrauen. Manche sagen, er müsse Miss Caroline irgendwo in der Stadt gesehen haben und ihr bis nach Tarlojee gefolgt sein, und deshalb wäre er da. Aber sicher wußte es keiner. Tatsache ist, daß er kam und blieb, und als er anfing, mit Miss Caroline rumzumachen, da warteten nur alle ab und hielten den Atem an, weil sie Diamond Jim mochten und den alten Hintzen so fürchteten. Miss Caroline hatte so viel Charme, daß es ihr schwer werden mußte, ihn mit sich herumzutragen. Es war, als sei sie mit dem Wissen um das geboren, was ihr geschehen würde. All ihr Temperament wirkte wie auf Flaschen gezogen, und wenn sie lachte, dann platzte es hervor wie etwas Gestautes. Sie pflegte zu sagen, sie liebe es, die Sonne auf ihrem Nacken zu spüren. Leute, die mit Zuckerrohr arbeiten, verstehen so was nicht. Und sie saß gern im Gras und setzte sich auf die kitzelnden Zuckerrohrblätter, und nie hatte sie Angst vor Schlangen. Das ist alles, was ich über sie als Mädchen weiß – nur wie eigenartig sie war und wie versessen auf das Leben im Freien und wie lebhaft und zum Lachen aufgelegt. Sie muß schon leidenschaftlich gern gelebt haben, wo sie es dann noch zwanzig Jahre in dem Turm dort aushielt, ohne etwas zu sehen als das Licht, das durch die Ritzen ihres mit Brettern vernagelten Fensters fiel, und den im Lauf der Zeit platzenden Verputz der Wände.

Ich habe schon von Leuten gehört, die vor Lachen gestorben sind, und ich glaube, genau das hat dieses schlecht zusammenpassende Paar umgebracht. Wenn

Caroline Hintzen lachte, brachte das vom Herrenhaus bis hinunter an den Fluß alles durcheinander. Es brachte sogar alte Männer dazu, daß sie sich schüttelten und die Seiten hielten, und kleine Kinder fürchteten sich davor. Es hatte eine merkwürdige Wirkung. Zu hören war es so weit wie das Aneinanderkrachen von Steinen im Bett eines Hochwassers führenden Stroms. Es hieß, sie sehe aus wie ein Engel und lache wie eine Hexe.

Ich weiß nicht und werde es wohl nie erfahren, wer von beiden den anderen hinausgehext hat in den Obstgarten und der ganzen Welt vor die Nase; Tarlojee war damals nämlich eine Welt. Wer es auch war, der diese wahnwitzige Liebesaffäre angefangen hat, sie erreichte bald eine Stärke, daß sie ungestümer brannte als ein Zuckerrohrfeuer, in das der Sturm fährt. Niemand war mehr übrig, der noch nicht davon wußte. Wären sie auf und davon gegangen, wer weiß, wie weit sie gekommen wären. Vielleicht wußten sie, daß auch alle Diamanten, die Jim besaß, ja nicht einmal diejenigen, die noch in den Bergen verborgen lagen, dieses weiße Mädchen und ihren mächtigen schwarzen Geliebten retten konnten. Vielleicht hätten sie einen Sprung tun und sich in Holland auf dem Land verstecken können, aber schwarz ist schwarz, und Diamond Jim war nicht gerade unauffällig, wo er sich auch befand. Oder vielleicht glaubten sie auch, sie wären unsichtbar, stünden in ihrer großen Liebe irgendwie unter dem persönlichen Schutz Gottes vor der Rache eines Mannes, der so kalt war, daß er nicht einmal wußte, was Liebe ist.

Es scheint, wegen Hintzens sturen Leugnens, daß es so etwas geben könnte, blieben die Liebenden länger verschont, als irgendwer zu hoffen gewagt hätte. Inzwischen war Miss Carolines verrücktes Lachen jeden Abend zu hören, wenn die Sonne im Fluß versank und die Sterne über den Feldern funkelten, für manche wie ein Feuerzeichen, für andere ein Wegweiser. Egal wo sie hingingen, die gesamten Arbeitskräfte von Tarlojee und sogar ihre Schwestern wußten auf Grund ihres irrsinnigen Kreischens, wo sie sich herumwälzten. Selbst während des Tages stiegen diese Klänge manchmal aus einer Hütte oder einem Feld auf, wenn ihr Liebestreiben dem Höhepunkt entgegenging. Sie zeigten weder Respekt vor der Sonne oder den Siestastunden noch vor der geheiligten Sonntagsruhe.

Nun, jeden Tag hätten sie erwischt werden können, die beiden Narren. Doch die Zeit schien stillzustehen auf Tarlojee, während Miss Caroline fast verging vor süßen Gefühlen für den großen Jim, während er abends summend an die graue Borke eines Guavenbaums gelehnt saß, mit halbgeschlossenen Augen zu den Sternen hinaufstarrte und sein großer Diamant offenbar Botschaften an den Himmel übermittelte. Was er auch von oben erfahren haben mag, es schien ihn in all seiner Verwundbarkeit zum Bleiben zu bewegen, viele Monate hindurch, in denen er, allein oder mit dem Mädchen, hätte fliehen können, sein Leben hätte retten können. Er muß gewußt haben, daß Hintzen ihn umbringen würde, sobald er es erfuhr. Er muß es gewußt haben, aber es schien ihm egal zu sein. Vielleicht erzählten ihm das die Sterne – daß er, Diamond Jim, noch unter seinem Lieblingsbaum sitzen würde, noch immer die alten Lieder summen würde, wenn der alte Hintzen schon lange gestorben und sein Staub in alle Winde verstreut wäre.

Erst kam die Regenzeit, und sie sah nicht aus wie die

vom Himmel gesandte Regenzeit anderer Jahre, denn grausame Gewitter folgten aufeinander. Es muß dann im Juli gewesen sein, als eines Nachts die Fledermäuse starben und ihre dünnen pelzigen Körper rings um das Haus lagen wie ein grauer Teppich über einer Schicht winziger Knochen. Später, das muß im September gewesen sein, gab es eine Mißernte von Yucca, und sogar das Zuckerrohr wuchs nur zögernd. Da wurde es auch offensichtlich, wie es um Miss Caroline stand. Manche Mädchen werden schwanger und können es über viele Monate hinweg verbergen, aber Miss Caroline wurde nicht nur füllig, sie wurde tonnenrund.

Es gab um sie herum ein paar gute Menschen auf Tarlojee, und manche davon taten alles, um ihre Spuren zu verwischen. Doch sie selbst schien dem Schicksal die Stirn bieten zu wollen und sich um nichts zu scheren, denn sie führte ihren mächtigen Bauch spazieren wie die stolzeste aller werdenden Mütter. Und das ging so lange, bis ihr Vater sie einsperrte. Ich glaube nicht, daß eine Mutter den alten Mann Miss Caroline so hätte in den Wahnsinn treiben lassen, wie er es tat. Vielleicht hätte keine Mutter den armen Jim retten können, aber geholfen hätte Miss Caroline jede, die ein Herz besaß. Es war ihr Unglück, daß sie in jenem Haus dort verwaist und ohne alle Freundlichkeit lebte.

In der ersten Nacht wurde Miss Caroline im Getränkeraum eingesperrt. Dort war es immer kalt, es gab keine Fenster, nur eine vergitterte Luke und eine Tür mit schweren Riegeln. Für einen Arbeiter wäre das paradiesisch gewesen, keine Strafe; doch für das verliebte Mädchen, gewöhnt an ein weiches Bett und Gesellschaft, muß es hart gewesen sein. Die Leute sagten, sie habe die ganze Nacht durch gerufen. Gerufen und gerufen, sagten sie, mit ihrer lauten, hohen Stimme, die durch das Zuckerrohr und über die Hügel hallte.

Diamond Jim hätte dann noch fortlaufen können, aber er tat es nicht. Statt dessen blieb er die ganze Nacht hindurch im Freien, schaute mit seinen blanken, nun aber glasigen Augen in den Himmel und summte wie ein Motor, um den herum alles bebt. Schließlich schwiegen sogar die Zikaden und die Baumfrösche, und nur noch das Jammern aus dem großen Haus und dieses eine bebende Stimmband in Jims Kehle waren zu hören. Damit beruhigte er sie. So stieg die Sonne über den Kamm der hochgelegenen Felder, die in Wellen hinter den Deichen aufsteigen, und nur das Pulsen von Jims Stimme hatte die Sonne aus ihrem Schlaf geweckt. Er brachte sie dazu, daß sie an jenem Tag für ihn aufging, zwang sie mit seinem Willen dazu, seine Edelsteine in Gold zu fassen, weil seine eigene Sonne über Tarlojee untergehen würde, bevor der Tag vergangen wäre.

Um acht Uhr kamen die Kinder vorbei, trippelten an Jim vorüber, der wartend dasaß. Sie hielten die Ranzen an die Brust gepreßt, schauten weg und kicherten scheu, blickten dann zurück auf den schwarzen Riesen, von dem sie gehört hatten, daß er sterben würde. Sie schlossen sich wieder zu Gruppen zusammen, als sie an ihm vorbei waren, trödelten auf dem unebenen Weg, voll Enttäuschung. Er hatte ausgesehen wie immer. Er hatte sogar gelächelt. Zum Tode Verurteilte sollten nicht lächeln. Sterben war eine ernste Sache.

Die Leute wußten, daß Hintzen sich nie damit zufriedengeben würde, Jim zu erschießen. Er würde ihn regelrecht lynchen wollen. So schmolzen die Arbeitskräfte an jenem Tag auf die Alten und die sehr Jungen zusammen, und ein paar Frauen sprangen für ihre Männer ein. Alle starken Männer blieben betrunken der Arbeit fern, täuschten Krankheit vor oder waren krank geworden bei dem Gedanken, sie müßten dabei helfen, ihren Helden aufzuknüpfen. Sie konnten es nicht tun. Nun, Hintzen hatte seinen Männern nie getraut, er hatte früher nicht auf sie gerechnet und tat es auch jetzt nicht. Er schickte in der Nacht einen Boten nach New Amsterdam, und an jenem Morgen kamen vier große Mulatten vorgeritten, mit Hüten und Sporen und vor Gier und Rum rot unterlaufenen Augen.

Diamond Jim sah sie ankommen und rührte sich nicht von der Stelle. Da ereignete sich das Wunder. Diese vier Mulatten schworen, als sie vorbeigeritten seien, hätten Jims Diamanten in der Sonne geglitzert und gefunkelt. Doch nur Augenblicke später, als sie sich ihn schnappen gingen, waren all seine Diamanten verschwunden. Nun war niemand vorbeigekommen, der sie hätte nehmen können, und der Boden um ihn herum wurde umgegraben und durchwühlt und durchgesiebt, und nie fand sich je ein einziger Diamant . . . Die Mulatten sagten, sie dachten, Jim hätte die Steine in seinen Kleidern versteckt, aber nachdem er tot war, zogen sie ihn bis auf die Haut aus und rissen den Stoff in Stücke. Nichts.

Bevor Jim starb, fing Miss Caroline wieder zu rufen an. Aber diesmal waren nicht nur Töne und gestöhnte Laute zu hören, sondern vollständige Wörter:

«Jim, verlaß mich nie, Jim, Jim . . .»

Da stand er auf, und mit seiner machtvollen Stimme,

die er außer zum Singen selten gebrauchte, rief er zurück: «Caro, Liebling, ich geh nirgendwohin.»

Der Mann als solcher sprach nie wieder. Was als nächstes geschah, weiß ich nicht genau. Manche sagen, sie hätten ihm den Strick um den Hals geworfen und ihn aufgehängt, aber er hätte einfach nicht sterben wollen, also hätten die vier Reiter ihn mit Kugeln durchlöchert. Manche sagen, sie hätten ihn erschießen müssen, um überhaupt die Schlinge über seinen Kopf zu kriegen. Eines jedenfalls ist sicher. Die Diamanten sind nie gefunden worden. Die Jahre hindurch haben Vandalen immer wieder Jims Knochen umgedreht, um zu sehen, ob er die Diamanten nicht doch verschluckt hatte, aber nichts kam zum Vorschein, kein Stein wurde jemals gefunden.

Und nicht Gutes kam dadurch zustande, daß Jim gehängt worden war. Das Jahr war noch nicht zu Ende, da waren die vier Mulatten schon vom Unglück verfolgt, und sie tranken sich zu Tode, verfolgt, sagten sie, von dem großen Lächeln auf Jims Gesicht. Und Hintzen? Selbst Hintzen wünschte, er hätte mit dem Hängen noch gewartet, denn vier Monate später, als Miss Caroline ein schweres graues Baby zur Welt brachte, wollte er Jim noch einmal von vorne umbringen, und es war nichts mehr von ihm übrig, woran er seine Wut hätte auslassen können. Als Christ konnte er das kleine Mädchen nicht zugrunde gehen lassen, aber er fuhr eines Nachts mit ihm weg und kam eine Woche später ohne es zurück. So waren die Städte damals, sie verschluckten die Lebenden und die Toten. Das Baby muß da zwei Wochen alt gewesen sein und war schon so schwarz wie der Mann, der es gezeugt hatte.

Nachdem das Baby fort war, schob Hintzen seine Tochter in den steinernen Turm ab, und da begann Miss Caroline ihr Rufen erst mit vollem Ernst. Es schien so, als hätte sie es sich in den Kopf gesetzt, daß sie nur laut und lange genug nach ihm schreien müßte, dann würde der große Jim ihr antworten. Nun, Miss Caroline blieb zwanzig Jahre lang in dem Turm und rief über die Zuckerrohrfelder nach dem Mann, den sie liebte. Die ganze Zeit hindurch gab sie ihre Versuche nicht auf, ihn zurückzurufen zu sich. Ungefähr ein Jahr später muß es dann gewesen sein, daß ihre erschöpfte, traurige Stimme brach und zu Anfällen von verrücktem Gelächter überwechselte.

Ihr Rufen war zu einer Eigenart von Tarlojee geworden, wie die Tierlaute des Buschs und die klagenden Schreie kreisender Vögel. Es hallte durch die Zuckerrohrreihen und setzte sich im Lehmverputz der Hütten fest. Die Leute schienen es in ihren Bohneneintopf und ihren Maisbrei einzurühren. Die Rückstände ihres Jammerns hafteten in den Ananasrinden und faulten in Wasserkrügen. Jims Name war überall.

Eine Menge geschieht im Laufe eines Lebens, und vieles wird vergessen. Einzelheiten verschwimmen und gehen unter, und Tatsachen verschmelzen miteinander, bis nur noch ein paar Ereignisse deutlich herausragen. Manchmal sind es überhaupt nicht Ereignisse, sondern flüchtige Bilder, und manchmal sind sie so machtvoll, daß sie einem für eine Weile das Blut im Körper stocken lassen. So wirkte das Gelächter nach einem Jahr der Tränen. Miss Caroline wieder kreischen zu hören fuhr allen auf Tarlojee ins Mark. Es war ihr Paarungsruf, und ich nehme an, daß es mit zu dem gehörte, was Jim an sie band, denn in der Nacht, in der sie ihr wildes Gelächter herauszukreischen begann, kehrte Diamond Jim zurück. Er trug wieder seine Diamanten – die Ringe und den großen an seiner Kehle, der mit den Sternen in Verbindung stand. Die ganze Nacht hindurch saß er unter seinem Guavenbaum, und er summte, ein lautes an- und abschwellendes Summen, und obwohl ihn niemand berührte – keiner wagte es –, war er da, lächelnd, wie nur er lächeln konnte, als wisse er um ganz besondere Dinge; und seine großen Zähne blitzten fast um die Wette mit dem Augendiamanten, dem Diamanten, der alles in Gang gesetzt hatte, der ihm seinen Namen gab und ihn zur Sagengestalt machte.

Viele Nächte sind seitdem vergangen und viele Jahre, und Miss Caroline ist nun schon lange tot, doch der große Jim sitzt noch immer manchmal wartend draußen und summt noch immer vor sich hin. Und obwohl er nie einem von uns etwas Böses angetan hat, gibt es keinen, der bei Vollmond zu den Ruinen des Herrenhauses hinuntergeht. Heute lachen auch die Kinder über ihn, aber nicht eines von denen auf Tarlojee ißt Guaven oder summt jemals wie ein vergessenes Lied, das seinen Weg aus dem Zuckerrohr heraus findet.

Angela Carter

Aschenputtel oder Der Geist der Mutter

Ein gebranntes Kind lebte in der Asche. Nein, nicht richtig verbrannt – eher angekohlt, ein klein bißchen angebrannt, wie ein aus dem Feuer geholtes Scheit; sie sah wie Holzkohle und Asche aus, weil sie in der Asche lebte, seit ihre Mutter gestorben war, und die heiße Asche sie verbrannt hatte; darum war sie schuppig und grindig. Das gebrannte Kind lebte im Kamin, mit Asche bedeckt, als trage es immer noch Trauer.

Nachdem ihre Mutter gestorben und begraben war, vergaß ihr Vater die Mutter und vergaß das Mädchen und heiratete die Frau, die immer die Asche zusammengescharrt hatte, und da war niemand, der dem Mädchen das Haar bürstete, weswegen es ihr wie Putzwolle vom Kopf abstand, und niemand, der ihr den Schmutz vom grindigen Gesicht wischte, und sie hatte nicht das Herz, es selbst zu tun, aber sie scharrte die Asche zusammen und schlief neben dem Kätzchen und aß die angebrannten Krusten vom Boden der Töpfe, kratzte sie heraus, ganz allein vor dem Feuer auf der Erde kauernd, nicht wie ein Mensch, denn sie trauerte noch.

Ihre Mutter war tot und begraben, aber empfand noch

immer schmerzliche, erlesene Liebe, wenn sie durch die Erde hindurch aufblickte und das mit Asche bedeckte gebrannte Kind sah.

«Melk die Kuh, gebranntes Kind, und bring die ganze Milch mit», sagte die Stiefmutter, die früher die Asche zusammengescharrt und die Kuh gemolken hatte, aber nun tat all dies das gebrannte Kind.

Der Geist der Mutter fuhr in die Kuh.

«Trink ein bißchen Milch und werde rund», sagte der Geist der Mutter.

Das gebrannte Kind zog am Euter der Kuh und trank genug Milch, bevor es den Eimer zurückbrachte, und keiner sah es, und mit der Zeit wurde es rund, bekam Brüste, wuchs heran.

Da gab es einen Mann, den die Stiefmutter haben wollte, und sie bat ihn in die Küche zum Essen, aber sie ließ das gebrannte Kind kochen, obwohl früher immer die Stiefmutter gekocht hatte. Nachdem das gebrannte Kind das Abendessen gekocht hatte, schickte die Stiefmutter es fort, die Kuh melken.

«Ich will diesen Mann für mich», sagte das gebrannte Kind zur Kuh.

Da gab die Kuh mehr Milch, noch mehr, noch mehr, so viel, daß das Mädchen trinken konnte und sich Gesicht und Hände waschen. Als sie sich das Gesicht wusch, wusch sie den Grind mit ab, und nun war sie gar nicht mehr verbrannt, aber die Kuh war leer.

«Das nächste Mal mußt du dir selbst Milch geben», sagte der Geist der Mutter in der Kuh. «Du hast mich trockengemolken.»

Die kleine Katze kam vorbei. Der Geist der Mutter fuhr in die Katze.

«Mit deinem Haar muß etwas geschehen», sagte die Katze. «Leg dich hin.»

Die kleine Katze entwirrte mit ihren klugen Pfoten die zottige Mähne des gebrannten Kindes, bis sein Haar hübsch herabfiel, aber es war so verfilzt und verheddert gewesen, daß die Katze keine Krallen mehr hatte, als sie fertig war.

«Kämm dir das nächste Mal selbst dein Haar», sagte die Katze. «Du hast mich alle Kraft gekostet. Ich kann's nicht wieder tun.»

Das gebrannte Kind war sauber und gekämmt, aber völlig nackt. Da saß ein Vogel im Apfelbaum. Der Geist der Mutter verließ die Katze und fuhr in den Vogel. Der Vogel hackte sich mit dem Schnabel in die eigene Brust. Blut floß herab auf das gebrannte Kind unter dem Baum. Es rann ihr über die Schultern und bedeckte es vorn und bedeckte es hinten. Das Mädchen brüllte auf, als es ihm an den Beinen hinunterfloß. Als der Vogel kein Blut mehr hatte, hatte das gebrannte Kind ein rotes Seidenkleid.

«Blute dir das nächste Mal dein Kleid selbst», sagte der Vogel. «Ich schaffe es nicht mehr.»

Das gebrannte Kind ging in die Küche, um sich dem Mann zu zeigen. Es war nicht mehr verbrannt, sondern wunderschön. Der Mann hörte auf, die Stiefmutter anzuschauen, und schaute das Mädchen an.

«Komm mit mir nach Hause und laß deine Stiefmutter hier die Asche zusammenscharren», sagte er zu ihr, und sie gingen fort. Er schenkte ihr ein Haus und Geld. Sie kam gut allein zurecht.

«Nun kann ich schlafen gehen», sagte der Geist der Mutter. «Nun ist alles in Ordnung.»

Zu den Autorinnen

Enid Bagnold (1889–1981) wurde bekannt durch den Roman *National Velvet* (1935) und erfolgreiche Theaterstücke wie *The Chalk Garden* (1955). Weitere Romane von ihr sind *The Happy Foreigner* (1920), *The Squire* (1938) und *The Loved and Envied* (1951). Im Ersten Weltkrieg diente sie als Krankenschwester, verärgerte aber die Institutionen durch die Veröffentlichung von *Diary Without Dates* (1917). *Das schamlose Gespenst* wurde 1926 geschrieben.

Angela Carter (*1940) gilt als eine der originellsten lebenden englischen Autorinnen. Von ihren Romanen liegen deutsch vor *Das Haus des Puppenmachers, Die infernalischen Traummaschinen des Doktor Hoffmann* und *Nächte im Zirkus*. Ihre Short stories beruhen häufig auf – radikal verwandelten – traditionellen Märchenmotiven.

‹E. M. Delafield› (1890–1943) benutzte als Autorennamen eine vereinfachte englische Version ihres Mädchennamens Edmée Elizabeth Monica de la Pasture. Sie war die Tochter der Romanautorin Mrs. Henry de la Pasture. Zu ihren Romanen zählen *Thank Heaven Fasting* (1932), *Messalina of the Suburbs* (1923) und *The Way Things Are* (1927). Sie hatte öffentliche Ämter inne und war ein Stützpfeiler des Women's Institute. *Sophy Mason kommt zurück* erschien zuerst in der Zeitschrift *Time and Tide*, 1930.

Stella Gibbons (*1902) wurde sofort bekannt mit ihrem witzigen ersten Roman *Cold Comfort Farm* (1932). Viele weitere Romane und Erzählungen folgten. Die hier veröffentlichte entstammt der Sammlung *Roaring Tower and other short stories* (1937).

Ellen Glasgow (1874–1945) war neben Edith Wharton und Willa Cather als eine der drei wichtigsten amerikanischen Autorinnen ihrer Zeit anerkannt. Zu ihren Studien über das Leben in den Südstaaten gehören *The Deliverance* (1904), *Virginia* (1913), *Barren Ground* (1925), *The Sheltered Life* (1932) und *Vein of Iron* (1935). Ihre Autobiographie *The Woman Within* (1954) ist eines der unvergeßlichsten Selbstporträts amerikanischer Künstler. Sie war eine fortschrittlich gesinnte Frau und kämpfte für das Frauenwahlrecht. Ihre besten Short stories erschienen 1923 unter dem Titel *The Shadowy Third & other stories.*

Margery Lawrence (1889–1969) beschäftigte sich intensiv mit dem Übersinnlichen. Von ihren vielen Romanen wurde besonders *The Madonna of Seven Moons* (1931) bekannt – und verfilmt. Sie schrieb über sechzig Geistergeschichten. Die hier veröffentlichte entstammt ihrem Buch *Nights of the Round Table* (1926), in dem zwölf Mitglieder eines Clubs «seltsame Erfahrungen» mitteilen.

Norah Lofts (1904–83) war eine erfolgreiche Romanautorin, «besessen von Häusern» und stark an Geistergeschichten interessiert. *Eine seltsame Erfahrung* erschien 1971 in *Woman's Journal* und in ihrem Sammelband *Hauntings: Is There Anybody There?* (1975).

Edith Nesbit (1858–1924) verfaßte gefeierte Kinderbücher und war eine Frau von ungeheurer Energie. Nach ihrer Heirat mit Hubert Bland schrieb und malte sie, trug öffentlich Lyrik vor, um Geld zu verdienen, wurde aktive Sozialistin und Gründungsmitglied der Fabian Society. Sie brach mit den Konventionen, indem sie ihr Haar kurz trug, rauchte und unüblich weite, fließende Kleider trug. Ihre Geistergeschichten erschienen in führenden Zeitschriften und in dem Band *Fear* (1910). *Das violette Automobil* ist eine der ersten Geistergeschichten, in denen ein Auto erscheint.

Eleanor Scott schrieb in den zwanziger und dreißiger Jahren fünf Romane, darunter *War Among Ladies* (1928) und *Puss in the Corner* (1934), und zwei sehr erfolgreiche Sachbücher, *Adventurous Women* (1933) und *Heroic Women* (1939). Über ihr Leben ist wenig bekannt. *«Kehrst du nie mehr zurück?»* entstammt ihrer Sammlung von Erzählungen mit übersinnlichen Motiven *Randalls Round* (1929). Sie berichtete, die meisten ihrer Geistererzählungen beruhten auf Träumen.

May Sinclair (1863–1946) war eine eifrige Kämpferin für das Frauenwahlrecht und eine frühe Anhängerin der Psychoanalyse. Sie begann ihre lange Autorenlaufbahn 1886 (unter dem Namen ‹Julian Sinclair›) mit *Nakiketas and other Poems*. Mit den Romanen *May Olivier* (1919) und *Life and Death of Harriet Frean* (1922) gehörte sie zu den Pionieren der *Stream-of-Consciousness*-Technik. Ihre Sammlung *Uncanny Stories* erschien 1923.

Lisa St. Aubin de Terán (*1953) lebte sieben Jahre in den Anden von Venezuela. Sie hat fünf Romane veröffentlicht, darunter *The Slow Train to Milan* (1983), *The Bay of Silence* (1986) und *Black Idol* (1987).

Rosemary Timperley (*1920) ist die beste lebende Autorin Englands, die regelmäßig Geistergeschichten schreibt, bislang mehr als hundert. Sie erschienen in unzähligen Anthologien, aber nie gesammelt. *Die Lehrerin in Schwarz* wurde zuerst in *The Third Ghost Book* (1955) publiziert.

Fay Weldon (*1933) schreibt neben Romanen auch Theaterstücke und Drehbücher. Von ihr liegen deutsch u. a. vor die Romane *Die Decke des Glücks, Das Haus auf dem Lande, Herzenswünsche, Lebensregeln, Die Teufelin* und *Briefe an Alice oder Wenn du erstmals Jane Austen liest* (rororo neue frau 5896). *Brüche* entstammt der Anthologie *The Midnight Ghost Book* (1978).

neue frau

Eine
Auswahl

Shirley Abbott
Vom Winde nicht verweht
Frauen in den amerikanischen
Südstaaten (5707)

Elisabeth Albertsen
Das Dritte
Geschichte einer Entscheidung (4134)

Toni Bentley
Tanzen ist beinahe alles
Selbstporträt einer Tänzerin des New
York City Ballet (5177)

Marie Cardinal
Schattenmund (4333)
Der Schlüssel liegt unter der Matte
(4557)
Die Irlandreise
Roman einer Ehe (4806)
Selbstgespräch mit Klytämnestra
Roman (5322)
Die Reise nach Algerien
Im Garten meiner Kindheit (5655)

Martine Carton
Eine Frau ist eine Frau ist eine...
(4302)

Judy Chicago
Durch die Blume
Meine Kämpfe als Künstlerin. Mit einem
Vorwort von Anaîs Nin (5310)

Laurie Colwin
**Eine altmodische Liebesgeschichte
und andere sentimentale Stories**
(5282)
Wie ein französischer Film
Roman (12127)

rororo

C 912/10

neue frau

Eine Auswahl

Kerstin Thorvall
Die Verschwundene
Roman (12180)

Märta Tikkanen
Wie vergewaltige ich einen Mann?
(4581)
Die Liebesgeschichte des Jahrhunderts
Roman in Gedichten (4701)
Aifos heißt Sofia
Leben mit einem besonderen Kind (5166)
Der Schatten, unter dem du lebst
Eine Erzählung in Gedichten (5558)
Ein Traum von Männern, nein, von Wölfen
Roman (5946)

Esther Tusquets
Die Liebe ist ein einsames Spiel
Roman (4989)

Alice Walker
Die Farbe Lila
Roman (5427)

Fay Weldon
Briefe an Alice oder Wenn du erstmals Jane Austen liest (5896)

Maria Wimmer
Kindheit auf dem Lande (4291)

Andrea Wolfmayr
Spielräume
Roman (5335)

Sandra Young
Ein Rattenloch ist kein Vogelnest
Eine Jugend in den Slums von Baltimore
(5188)

rororo

C 912/10 e